「歴史」と「地政学」で読みとく

日本・中国・台湾の知られざる関係史

内藤博文

青春新書
INTELLIGENCE

プロローグ　時代によって変わる日本・中国・台湾の合従連衡の歴史

東アジアの歴史にはさまざまな見方があるが、とくに海洋に視点を当てたとき、一つの見方がでてこよう。それは、日本、中国、台湾の三勢力のせめぎ合いだ。

日本、中国、台湾の三者の緊張と葛藤は、いま東アジアでもっとも熱くもなっている。中国は台湾侵攻を睨《にら》み、日本は台湾有事を日本有事とさえ見なそうともし、一方、日中の関係は複雑だ。

日本、中国、台湾のせめぎ合いが、さながら魏呉蜀《ぎごしょく》の〝三国志〟のようにダイナミックなのは、国家観の対立が生じやすいところにあろう。ともに海洋を隔てていて、海洋という壁があるから、それぞれが異なる個性を持ちやすい。

それは、「中華」を自明としない者たちと「中華帝国」のせめぎ合いであるともいえる。「中華帝国」とは、おおまかにいうなら中国大陸に打ち立てられた政権だ。現在は中華人民共和国であり、かつては漢、隋、唐、宋、明などが存在した。わざわざ「中華帝国」と呼称するのは、中華帝国といわれる政権の多くが「中華思想」の信奉者だったからだ。

中華思想とは、中国が文明の中心として唯一無二という考え方だ。古代より中国大陸の王朝は高い文化、経済、軍事力を誇ってきたから、周辺国は中華に吸引されていった。中国発祥の漢字は、文字を持たない勢力には貴重な伝達ツールであり、共有化もされた。漢字があるから、中国文化は崇《あが》められもした。そこから先、中国周辺の多くの国は「中華」を自明としてきた。朝鮮半島はその典型であり、長く中華の庇護《ひご》を求めもしてきた。

そうしたなか、東アジアの歴史で「中華」を自明としない二つの存在が、日本と台湾だろう。ともに、中国大陸とは海を隔て、中国大陸から遠すぎた。

日本の場合、古代には中華文明の恩恵に積極的に浴そうという時代もあったが、中世の武家の世になると、中華は自明の理ではなくなってくる。19世紀後半以後、欧米の文化を知るほどに中華を相対化してしまった。

台湾の場合、歴代の中華帝国はその存在になかなか気づかず、無視さえもしてきた。台湾は19世紀末からの日本統治時代のおよそ半世紀を経て、近代化＝欧米化を体験している。ゆえに中華とは無縁でさえある。たしかに台湾は「中華民国」を名乗っているが、歴史上の行きがかりにすぎない。

日本と台湾がいかに「中華」を自明としないかは、ともに漢字を平然と使っているところにある。これまで長く中華を自明とした国は、中華の恐ろしさも知っている。だから、第二次大戦後、漢字から訣別《けつべつ》し、自らの文字を持ち、中国の圧力から脱しようとした。朝鮮半島国家はハングルを選び、ベトナムはローマ字を選択した。けれども、中華を自明としない国は、もともと中華圏とは異なる世界を持っているから、わざわざ漢字を捨てる必要がないのだ。

だから、中国は日本、台湾に苛立ちもする。同じ漢字を使っているのに、中華を尊敬せず、中華と同化しようとしないからだ。現在、中国の最高指導者である習近平《しゅうきんぺい》は、「中華民族の偉大な復興」をスローガンとしているから、なおさらだろう。

中国は、日本と台湾を中華圏に引きずり込みたい。けれども、日本にも台湾にもその気がない。自らの固有の文化を捨てて、中華崇拝などできないし、強制されるのは御免である。そのあたりが折り合わないから、中国は怒りをぶちまけもする。

しかも、現代史を迎える以前から、日本と台湾には「中華帝国」に敵対的な行動をとってきた歴史もある。中世、日本発の倭寇は中国を襲い、日本の指導者は明の洪武帝《こうぶてい》を挑発さえもしたし、豊臣軍と明軍は朝鮮半島で激突もした。台湾では、鄭成功《ていせいこう》が現れ、清に対抗してもきた。

もちろん、日本、中国、台湾の関係は「中華」をどう考えているかだけで一刀両断できるわけではない。国家権力者はおうおうにしてマキャヴェリズム（＝どんな手段であっても、結果として国家の利益になるのであれば許されるという考え方）で動くから、狡猾に相手を利用したり、捨て去ったりもする。１９７０年代以来、日本は台湾との国交を断絶し、一時、日本における台湾の地位はじつに低かった。21世紀になると、台湾は中国と蜜月関係を結び、一時は吸収されても不思議でない時代もあった。時代環境によって、日中台の合従連衡《がっしょうれんこう》は変わってくる。

そんな日本・中国・台湾が関わる歴史をざっくりと振り返ってみたのが本書である。台湾有事が懸念されるなか、この三者がこれまでどのような関係を切り結び、また対立構図を示してきたのか。日中台が置かれた現状とこれからを知るための、一つの指標になれば幸いである。

「歴史」と「地政学」で読みとく 日本・中国・台湾の知られざる関係史

目次

第1章　大国・明にケンカを売った日本、草創の清に挑んだ台湾

第2章 急速な近代化で躍進する日本、消耗する中国、吸収される台湾

第3章　日本の高度成長期、せめぎ合う毛沢東の中国と蒋介石の台湾

第4章　経済大国・日本の時代、模索する中国、孤立していく台湾

第5章　「日本の時代」の黄昏《たそがれ》と、中国と台湾それぞれの歩む道

第6章　中国の絶頂の時代、漂流する日本、対中依存化する台湾

第7章　「中華の復興」を目指す中国、戦略的に対抗する日本と台湾

DTP／地図・図表作成　エヌケイクルー

●日本・中国・台湾のおもな関係史（14世紀以降）

	日本	中国	台湾
1368	足利義満が将軍となる	朱元璋（洪武帝）が明を建国	
1401	義満が第一回遣明船を送る		
1592	豊臣秀吉が朝鮮出兵（〜98）		
1593	豊臣秀吉、台湾に入貢を促す		
1600	関ヶ原の戦い		
1624			オランダが台湾東南部の大員を占領。オラニエ城（のちにゼーランディア城）を築く
1616		女真族のヌルハチが満洲に後金を建国（清朝）	
1626			スペインが台湾北部の基隆を占領。要塞を築く
1639	鎖国体制の完成		
1642			オランダが台湾北部からスペインを追放
1644		明滅亡。清朝成立	
1661			鄭成功が台湾からオランダを追放し領有
1683		清が台湾を領有	鄭氏政権が清朝に降伏
1684			台湾は清朝統治の福建省台湾府となる
1840		アヘン戦争（〜42）	

年表　日本・中国・台湾のおもな関係史（14世紀以降）

1853	ペリーが浦賀に来航		
1854	日米和親条約締結		米国ペリー艦隊、日本の後に台湾の基隆に寄港
1856		第二次アヘン戦争（〜60）	
1858	日米修好通商条約締結		
1867	大政奉還		
1871			琉球漂流民殺害の牡丹社事件起こる
1874	日本、台湾に出兵		
1885			福建省から独立して台湾省になる
1889	大日本帝国憲法発布		
1894	日清戦争（〜95）		
1895	日清講和条約（下関条約）締結	孫文が日本に亡命	台湾が日本に割譲される
1904	日露戦争（〜05）		
1910	韓国併合		
1911		辛亥革命。清朝滅ぶ	
1912		中華民国建国	
1921		中国共産党結成	
1930			霧社事件（台湾先住民の一族による抗日反乱事件）
1931	柳条湖事件		
1932	満洲国建国		
1936			日本による皇民化政策開始
1937	日中戦争（〜45）		

	日本	中国	台湾
1940			改姓名始まる
1945	第二次世界大戦終了		台湾、中華民国に復帰
1947			二・二八事件
1948			蒋介石、中華民国の総統に就任
1949		中華人民共和国成立。毛沢東が中央人民政府主席に就任	
1951	サンフランシスコ講和条約調印		
1952	日華平和条約調印		
1954			アメリカとの米華相互防衛条約調印
1958		大躍進政策開始	金門砲戦が勃発
1964	吉田茂元首相が台湾訪問		
1966		文化大革命開始	
1969		珍宝島（ダマンスキー島）で中ソ国境紛争	
1971			国連総会でアルバニア決議が採択、中国が国連に復帰。台湾が国連を脱退
1972	日中国交正常化		日華平和条約廃棄、日台国交断絶
1975			蒋介石死去
1976		第一次天安門事件。鄧小平が失脚。毛沢東死去	
1978	日中平和友好条約	鄧小平が最高実力者に	
1979	日本の対中国ODA開始（～2021）		米中国交樹立。米台国交断絶

年表　日本・中国・台湾のおもな関係史（14世紀以降）

1980			米華相互防衛条約破棄
1986			民主進歩党結成
1988			蒋経国死去、李登輝が総統に昇格
1989		第二次天安門事件 江沢民が中国共産党総書記に	
1992	天皇皇后両陛下訪中		
1996			初の直接選挙で李登輝が総統に就任
2000			民進党の陳水扁が総統に就任
2002		胡錦濤が中国共産党総書記に	
2004	日中貿易総額が日米貿易総額を上回る		
2008			国民党の馬英九が総統に就任
2009	中国人個人観光客へのビザ発給を開始		
2010		中国がＧＤＰで日本を抜いて世界2位に	
2012		習近平が中国共産党総書記、中央軍事委員会主席に	
2016			民進党の蔡英文が総統に就任
2017		第二期習近平政権が発足	
2022	日中国交正常化50年	第三期習近平政権が発足	
2024			総統選挙
2027		第三期習近平政権の任期満了	

（地図1）日本・中国・台湾の位置関係

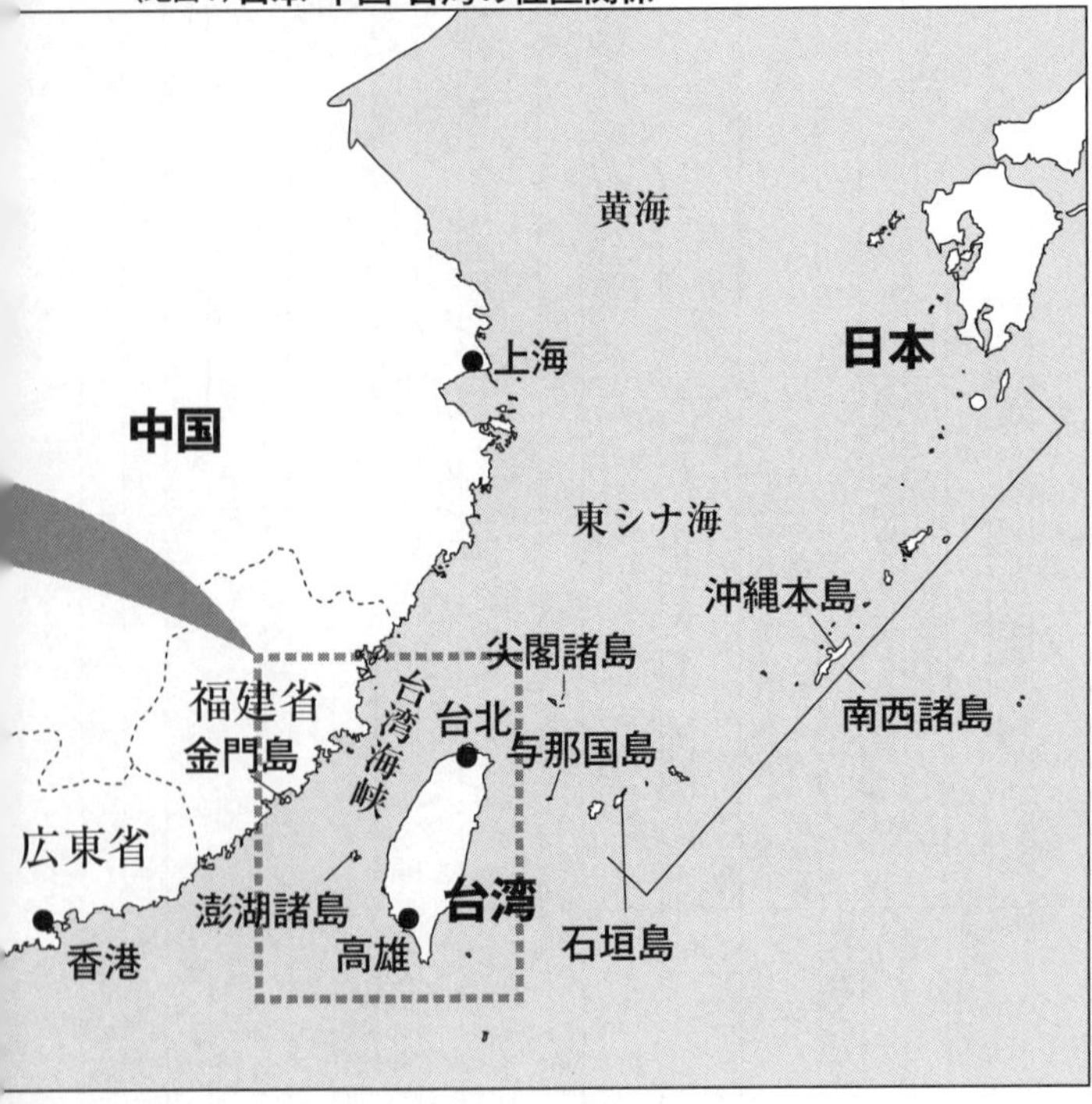

(地図2) 中国と台湾の隣接地図

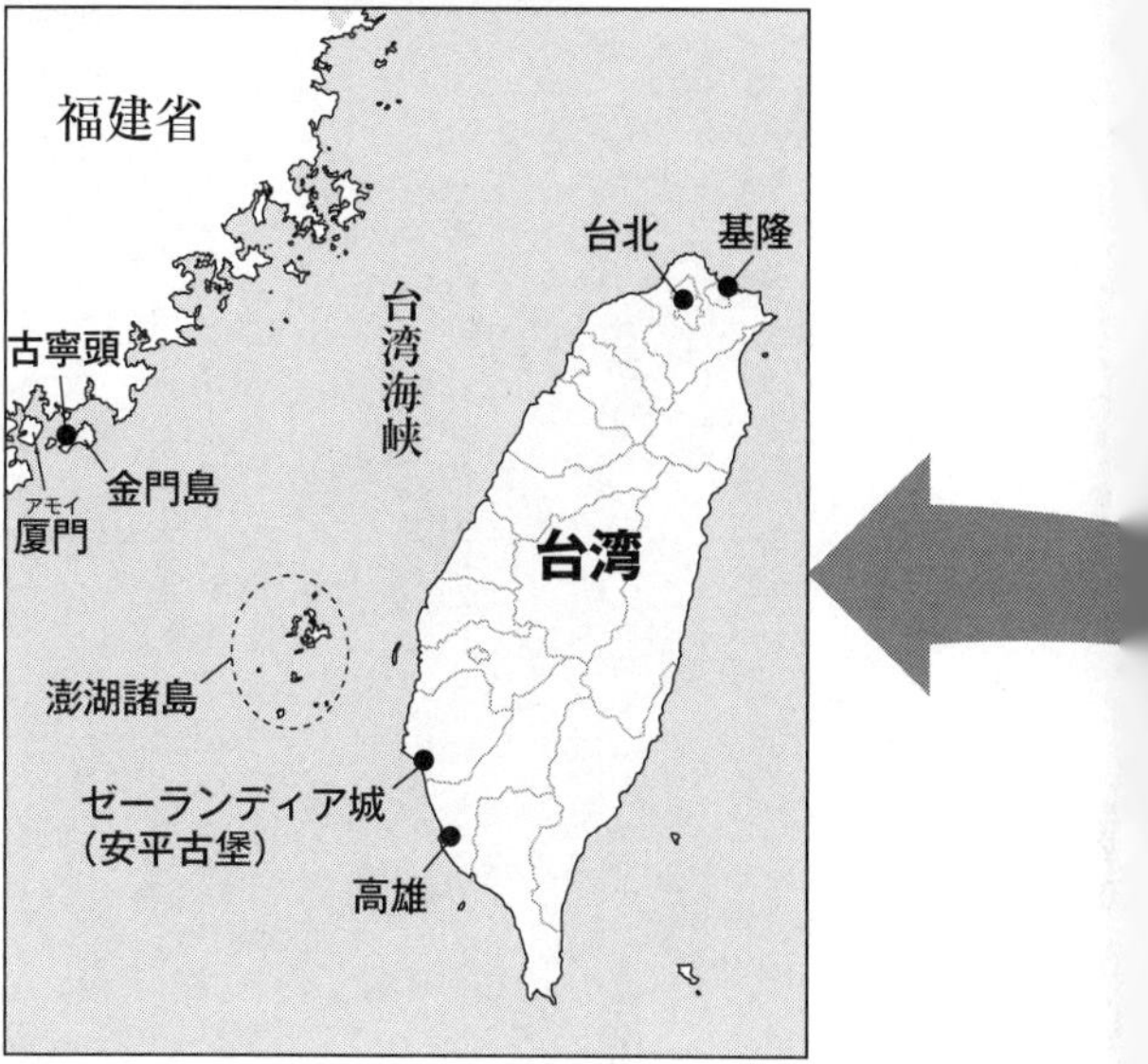

第1章

大国・明にケンカを売った日本、草創の清に挑んだ台湾

なぜ、日本は中世になると中国とつきあわなくなったのか？

日本と中国、台湾の三つ巴《どもえ》を巡る争い、日中台〝三国志〟の時代は、じつはそう長くはない。古くから中国大陸の王朝にとって、日本や台湾の存在はどうでもよかったからだ。日本は荒波の果てにある島嶼《とうしょ》であり、中国大陸の王朝にとってはほぼ無害無毒であった。台湾の存在となると、ほとんど知られることはなかった。日本も台湾の存在を知ることなく、台湾もまた同じだった。

なるほど、古代の日本は中華帝国と親交を結んでいた。邪馬台国の卑弥呼は魏に使節を送り、4世紀の倭の王たちは中国の南朝に接近した。7～8世紀には、遣隋使、遣唐使といった、朝貢《ちょうこう》使節もあった。けれども、唐帝国への使節派遣も9世紀には途絶え、日本人そのものが海外に渡航しなくなる、事実上、鎖国のような時代となる。日本は「中華」を自明の理とせず、中華皇帝に臣従《しんじゅう》するような振る舞いをしなくなっていたのだ。

となると、中国王朝も日本を遠くにある幻のような国として扱うようになる。たしかに日本と宋の間に貿易は存在した。ただ、日宋間の政権同士に使節のやりとりもなかったし、ほとんどは宋船が日本にやって来るというものだった。

宋の時代、中華思想と日本についての興味深い話が「宋史」に残されている。10世紀に即位した宋の太宗《たいそう》（趙匡義《ちょうきょうぎ》・宋の実質的な建国者）は、中国に渡ってきた日本人僧侶から、日本国王（天皇）が世襲であること、臣下《しんか》も世襲であることを聞き、嘆息したという。「彼らはたかだか島国の夷《い》だ。にもかかわらず、国王の位は久しきにわたって世襲し、その臣もまた親の跡を継いで絶えることがない。これこそ古《いにしえ》の理想の道と称すべきだろう」

中国王朝はコロコロと変わり、皇帝、貴族の世襲はどこかで途絶える。だからこそ中国大陸の歴史にはダイナミズムがあるのだが、宋の太宗は、日本を野蛮国としながらも、評価もしていたということだ。

それは、この時代までの中華帝国の中華思想のありようを物語ってもいる。中華思想は、いまほどに過剰ではなかったのだ。日本を「夷（文化・文明の中心から離れた、遅れた地域）」と評したものの、夷さえも素直に評価している。しかも「宋史」では歴代天皇をわざわざ「天皇」号を使って紹介している。それまで「唐書」などでは呼び捨てにされていた天皇の扱いが、よくなっているのだ。

「宋史」が編纂されたのは、モンゴル帝国の元の時代だ。だから、夷とされた国家にも一定の敬意が払われたのかもしれないが、中華思想は強烈ではなかったのだ。

モンゴル帝国の登場が、日本の東アジアへの攻勢を生んだ

日本、中国、台湾の三国志的な展開がはじまるのは、モンゴル帝国の登場によってだろう。モンゴル帝国が、東アジアの海洋を心理的に狭くしたうえ、中華帝国と中華思想をいったんは破壊してしまったからだ。

13世紀前半に勃興したモンゴル帝国は、ユーラシア大陸の西方のみならず、東アジアでも征服活動を繰り返した。中国大陸にあっては、女真《じょしん》（のちの満洲族）の金《きん》、漢族の南宋を滅ぼし、朝鮮半島を服属させた。

それだけではない。モンゴル帝国は、海の向こうの征服までも試みた。13世紀末、フビライ・ハンの元帝国（大元《だいげん》ウルス）は、鎌倉幕府の日本を二度にわたって攻め、日本列島征服を狙った。台湾にも派兵し、台湾征服も企図している。

もともと、モンゴル帝国は内陸国家であり、海を知らない。けれども、彼らの「征服欲」や「貿易事業欲」が、海の向こうまで進出する大船団までも組ませたのだ。

フビライ・ハンの野望は、日本列島でも台湾でも挫《くじ》かれるのだが、この征服活動が東アジアの海洋に新たな時代を呼び込む。というのも、結果的に台湾はともかく、日本列島と中国との心理的な距離が近くなってしまったからだ。そこから先、日本列島内では「倭寇」を生む結果となった。

「倭寇」は、日本のおもに九州を根城《ねじろ》とした海賊集団である。彼らはもともとから海賊ではなく、当初は第三次のモンゴル帝国の襲来に備えての偵察集団であったようだ。さらにモンゴル帝国に奪われた人やモノを奪い返したかった。とくに日本侵攻の策源地と見なした朝鮮半島を襲い、偵察と同時に、掠奪《りょうだつ》を働くようになった。さらには、通商のうまみも知っていったと思われる。

倭寇は当初は朝鮮半島をおもに襲っていたのだが、しだいに中国大陸をも襲うようになる。それは、モンゴル帝国の時代からはじまり、モンゴル帝国に代わる明帝国の時代にもつづく。日本と中国の距離は縮み、日本は中国を攻める側に回っていた。

モンゴル帝国が中国大陸を統治することによって破壊していたのは、中華思想である。中華思想からすれば蛮夷《ばんい》であるモンゴル人たちが、中国王朝を滅ぼし、中国大陸を制覇してしまったのだ。すでにモンゴル帝国以前、北中国は満洲に勃興した金の統治するところとなっていたが、モンゴル帝国は異民族の征服の集大成をやってのけた。ここに、「中華」と「中華思想」はいったん破滅を見た。

けれども、これには大いなる反動が伴っている。14世紀半ば、モンゴル帝国の大陸制覇の時代は終わる。中国大陸にあっては、朱元璋《しゅげんしょう》（明の洪武帝《こうぶてい》）率いる軍団に押され、モンゴル高原に撤退する。中国大陸には、新たに洪武帝の明帝国が誕生する。この明帝国は、中華復興を目指し、極端な中華思想の信奉者となった。その中華思想は、日本との間に軋《あつ》轢《れき》を生むことになる。

「中華の復興」を目指す明の皇帝の政策が、倭寇に結びつく

洪武帝による明は、現在の習近平《しゅうきんぺい》の中国にも似た独特の国である。ともに中華の復興を夢見ていて、その中華思想が強烈だったからだ。明の登場まで、たしかに中国には中華思想が根づいていたが、そこに排他性や強い攻撃性を伴うことはそうはなかった。けれども、洪武帝の明帝国は、「中華の復興」を激烈なまでに夢見ていた。

洪武帝が中華の復興を目指したのは、夷狄《いてき》＝モンゴル帝国に征服された時代を悪夢とし

たからだろう。悪夢を振り払うには、偉大な中華帝国＝明を創造する必要があった。

中華復興を目指す洪武帝が打ちだしたのは、朝貢体制の完全な確立である。朝貢体制は古代中国より行われていて、周辺国の王は中国王朝に朝貢の使者を送り、貢ぎ物を贈り、臣従の意を示す。代わりに中華皇帝は彼を王として認める、つまりは「冊封《さくほう》」する。朝貢と冊封はセットになっていて、中華皇帝の権威によって、朝貢する王は王たりえる。東アジアの世界では、中華の仲間と認めてもらえる。でなければ、その国は「ない」も同然の扱いをされる。

古代より多くの国が中華皇帝に朝貢したのは、中国文明が早熟だったからでもあるが、朝貢の見返りが大きかったからでもあろう。朝貢の使者には、中華皇帝より「回賜《かいし》」というお土産が渡される。これが朝貢の貢ぎ物よりもずっと高価であり、朝貢は割のいい貿易でもあったのだ。

洪武帝はこの朝貢体制を徹底し、朝貢による貿易以外は認めないとした。さらに「海禁政策」を打ちだし、自国民の海外渡航を禁じてしまった。洪武帝は、私貿易の芽を徹底して摘み、貿易といえば朝貢、朝貢による中華の支配体制を確立させようとしたのだ。

そこには倭寇を中国大陸に引き寄せない狙いもあったが、貿易によって大きな利益を得てきた集団、得ようとする者にとってはおもしろい話ではない。彼らは倭寇と結びつくか、あるいは倭寇となった。洪武帝の目指す完璧な朝貢体制は、私貿易を営む倭寇の敵となり、倭寇の跳梁《ちょうりょう》をゆるす結果となった。

この時代、すでに倭寇は日本人のみならず、中国大陸の住人も加わっていたと思われるが、洪武帝は倭寇の策源地を日本と見なし、日本に倭寇の禁圧を求めた。

それは、日本国内の動乱を刺激することにもなっていた。当時、日本では、室町幕府の祖・足利尊氏が擁する北朝と、後醍醐天皇とその子孫の南朝が対抗し合う南北朝時代にあった。南朝は九州を重視し、後醍醐天皇の子・懐良《かねよし》親王を派遣している。明の洪武帝の使者は、この懐良親王を日本の最高権力者と勘違いしたようだ。洪武帝は彼を日本国王と見なし、「日本国王・良懐」の称号を与え、臣属させた気になっている。

洪武帝による懐良親王の日本国王承認は、室町幕府に対明外交を決意させるものであった。しょせん九州の田舎政権とはいえ、南朝の懐良親王の勢力が明帝国から支援を得るようになれば、足利幕府の存立は危うい。足利幕府は、懐良親王の勢力の力を削ぐとともに、明に対して自らが日本の正統な統治者であることを告げ、外交をせねばならなくなった。それは、日明間に戦争を起こしかねないものでもあった。

明の洪武帝がたびたび足利幕府に激怒していた理由

足利幕府と明の国交交渉は、難航する。日本からはたびたび使者がやって来ていたが、洪武帝を満足させなかったからだ。1380年、足利義満からの使者が洪武帝のもとにやって来たとき、洪武帝は足利義満からの貢ぎ物を拒否している。足利義満の手紙が、洪武帝にとって無礼なものだったからだという。

翌1381年にも、足利幕府は使者を送っているが、これまた洪武帝を怒らせて終わりだ。激怒した洪武帝は、日本遠征さえもちらつかせ、威嚇《いかく》していた。

これに対して、日本側から返答が来る。「明史」には〝良懐〟からとあり、懐良親王からのものと解釈できるが、当時の懐良親王は室町幕府側の攻勢に遭い、九州の僻地に身を隠していた。それを考えるなら、足利将軍のほうの文書とも推測できる。日本側の上奏文には以下のような文言もある。

「いかがでしょう。賀蘭山《がらんさん》の麓でお目にかかり、さしで一勝負いたしては。臣は懼《おそ》れはいたしませぬ」。賀蘭山とは黄河の上流にある中国の聖地である。日本のトップは軍勢を率いてそこまで進撃し、洪武帝とタイマンでやりあい、白黒をつけようといっているのだ。

その上奏文にあったのは、ただの挑発のみではない。「古より国と国のあいだがらは、和を講ずるのが上策であり、戦を止めるのが強者であろうとされています」と記し、洪武帝をたしなめてもいる。洪武帝は、またも激怒し、日本遠征を計画したが、モンゴル帝国でさえもが日本侵攻には失敗している。洪武帝は、諦めざるをえなかった。

日本と洪武帝の国交交渉がうまくいかず、洪武帝を怒らせていたのは、一つには日本側が外交というものを知らなかったからだろう。すでに京都の朝廷でさえ長く外交を放棄してきたから、新興の武家勢力に外交の機微などわかろうはずもない。東アジアでは朝貢外交が基本であることをどれだけ理解していたか。日本側は、つい対等の外交交渉をするから、洪武帝を怒らせていた。

日本人の多くは、「中華」を自明の理としていない。まして新興の武家に中華文明への尊敬もない。中華の再興を目指す洪武帝と中華を自明の理としない日本とでは、まったく噛み合わなかったのだ。

洪武帝の日本不信は、彼の国内統治にも影響を及ぼしている。洪武帝は重臣であった胡惟庸《こいよう》を粛清しているが、その理由は胡惟庸が日本国王と通じて反逆を企てたというものだった。真相はともかく、洪武帝は日本の邪悪な影を妄想し、恐怖もしていたのだ。

こののち、将軍・足利義満の時代に、日本は明に朝貢する。明の求めに応じて、倭寇を禁圧もした。すでに洪武帝は世を去り、三代の永楽帝《えいらくてい》の時代である。日本側も、中国の求める儀礼がわかってきたからだろう。足利義満は、朝貢貿易による巨利を求めていた。永楽帝は足利義満を「日本国王」に冊封している。足利義満は、貿易で得た富によって鹿苑《ろくおん》寺《じ》金閣を建てている。

ただ、足利将軍家の明への朝貢は、長続きはせず、途絶えがちになる。足利将軍家が弱体化していくと、やがて家臣である細川家や大内家が朝貢貿易を引き継いでいく。彼らは朝貢貿易による富を貪《むさぼ》ろうとし、招かれもしないのに朝貢しようとまでしたから、明の皇帝を困惑させた。さらには寧波《ニンポー》（中国大陸の東部沿岸にある港町）で細川家と大内家のどちらが朝貢するかで軍事衝突まで起こしていたから、日明の朝貢貿易は、洪武帝が求めてきた朝貢・冊封体制とかけ離れていた。と同時に、ふたたび倭寇は中国大陸沿岸を襲うようにもなった。

結局のところ、明にとって日本は制御しかねる、中華思想の及びにくい国であった。日本からすれば、明は豊かで強大な国なれども、明相手には臣下として振る舞わねば、仲間に入れてもらえない、つきあいづらい国であった。日本と明の洪武帝の間ではしった軋轢、わだかまりはつねに日中の根幹にあったと思われる。

台湾がなぜ、倭寇の基地になっていったのか？

東アジアで海洋交易がさかんになり、日本の倭寇が脅威になっていった時代、その地位を高めたのが琉球（沖縄）である。そして、その存在を知られるようになったのが、台湾である。

琉球は日本語の文化圏に属してきたが、畿内の朝廷に服属したことはなく、分裂した地域であった。けれども、明の成立ののち、琉球の諸勢力は競って明へ朝貢するようになる。それは、明側からも歓迎するところであった。朝貢貿易しか認めない明が求めていたのは、中継交易を得意とする海洋国家である。琉球はマラッカとともに、これに当てはまっていた。

朝貢交易で潤った琉球では、勢力争いが加速化し、15世紀前半ついに中山王《ちゅうざんおう》の尚氏による統一がなり、琉球王国となった。統一後も、琉球王国は明にさかんに朝貢している。

一方、琉球の南に位置する台湾は、明帝国の脅威になりはじめていた。倭寇が台湾を拠点としはじめたからだ。倭寇は、前期倭寇と後期倭寇に区分される。前期倭寇はおもに朝鮮半島を襲っていたが、後期倭寇の狙いは中国大陸沿岸であった。後期倭寇には中国の住人も多く加わっていたから、これまでのように日本を拠点とする必要はなかった。

倭寇たちはまずは台湾の西に浮かぶ澎湖《ほうこ》諸島を根拠地としたのだが、明側の攻撃によって澎湖諸島を追われる。やむなく、台湾へ退き、ここを根拠地としたのだ（21ページ地図2参照）。

もっとも、倭寇が台湾を拠点としていた時代、台湾にあったのは原住民ばかりである。倭寇は、そこに間借りをしていたにすぎない。

現在の台湾の民族構成を見るなら、原住民族、ホーロー人（福佬人・河洛人。16世紀頃から戦前までに中国大陸から移住した漢民族の子孫）、客家《はっか》（漢民族の一派で、独自の文化と言語を持つ）、外省人（中華人民共和国の成立前後、大陸から渡ってきた人たち）により構成される。このうち、ホーロー人、客家、外省人は近世以降に台湾に移住してきた人たちであり、原住民はそれよりもずっと早くに台湾に渡り、住み着いた人たちである。原住民はそれぞれ異なる言語、文化を持ち、台湾内で棲み分けをしていた。

こののち、16世紀を迎えると、倭寇以上に台湾に着眼する勢力が登場する。まずはポルトガル人であり、つづいてスペイン人やオランダ人たちである。彼らは世界規模での交易を狙っていた。ポルトガルもスペインもオランダも東南アジアに交易の拠点を築き、北上し、東アジアでの交易を狙っていた。その拠点として台湾に目をつけたのだ。

ヨーロッパ勢力の台湾での争いに最終的に勝利したのが、オランダである。オランダはスペインの勢力を台湾から駆逐し、台湾南部に拠点を築いていった。

これに対して、明帝国は何もできないでいた。明の意識からすれば澎湖諸島までは自国の勢力圏であっても、台湾は見知らぬ島であり、オランダの台湾浸食を黙認するよりなかったといったところだろう。

豊臣秀吉の朝鮮出兵が、東アジアで新たな野心家を生むことに

室町幕府の日本と明はぎくしゃくした関係であったが、干戈《かんか》を交えるまでには至らなかった。双方が「距離」を意識し、無駄な戦いを避けたからだろう。

けれども、１５９０年代、日本の軍勢と明の軍団は激突する。１５９０年に国内統一を

果たした豊臣秀吉は、その強力な軍事力の使い途を失おうとしていた。豊臣秀吉は明の征服を構想し、朝鮮半島の国王である李氏に明への道案内をさせようとした。そこから、豊臣軍の朝鮮半島への侵攻がはじまった。豊臣軍は、最大最強の倭寇といってもよかった。

豊臣秀吉の明征服計画は、日本では彼の誇大妄想の果てともいわれる。ただ、織田信長や豊臣秀吉は、来日したカトリックの宣教師から「世界」を知るようになっていた。世界には、中国王朝以外にも巨大な帝国が存在する。当時、カトリックのスペインはイタリア半島やオランダから中南米までを勢力圏に入れ、フィリピンも自国のものにしていた。スペインにできることなら、日本にもできるというのが、織田信長、豊臣秀吉の考えであったとも思われる。織田信長の後継者となった豊臣秀吉は、大帝国の支配者たらんとして、まずは朝鮮半島に軍勢を送り込んだ。

豊臣の軍勢の前に、李氏朝鮮には備えがなく、王は首都・漢城《かんじょう》（現・ソウル）を放棄し、逃亡、明の皇帝の支援を仰いだ。李朝は明の冊封国である。冊封国存亡の危機を救うため、明は李如松《りじょしょう》らの軍団を朝鮮半島に送り込んだ。

朝鮮半島での日明激突は、当初、明軍が豊臣勢を押し返すが、碧帝館《へきていかん》の戦いで完敗を喫する。戦いはしだいに膠着《こうちゃく》し、「明史」によるなら、明の将軍たちはこの戦いに勝利を得ることはむずかしいと悟りはじめる。

結局のところ、朝鮮半島での日明の戦いは、豊臣秀吉の死没を契機に終わる。豊臣勢は朝鮮半島から去り、結果的に明は冊封国である朝鮮の危機を救った。

日明の戦いは、その後の数百年間、中国と日本の関係を決定づける。朝鮮半島での戦いに懲り、中国大陸の王朝は日本と接点を持とうとしなくなる。日明の戦いからおよそ250年以上、日本と中国大陸の政権間に交渉もなければ、交流もない時代になる。

朝鮮半島での日明対決は両国を疲弊させ、豊臣政権の崩壊にもつながったが、その一方、新たな野心家を育てていた。明の支配下、満洲にあったヌルハチである。日明の戦いにあって、ヌルハチは明に援軍を申し出ていたが、断られている。その日明の戦いは、時間を経るごとに、ヌルハチにとっては刺激的だったと思われる。小国・日本の軍勢が大国・明の軍勢に負けないどころか、一部では勝利さえ収めている。

これを見たヌルハチは明の支配からの脱却、明の打倒さえも夢見るようになる。実際、ヌルハチは1616年に後金を打ち立て明から離脱、1619年にはサルフの戦いで明軍を破っている。

ヌルハチの子・ホンタイジは後金を清と改め、清はやがて明に代わり中国大陸を制覇するから、豊臣秀吉の野望はヌルハチ、ホンタイジに継承されていたことになる。

琉球王国を服属させても、台湾服属でつまずいた徳川家康

豊臣秀吉の没後、関ヶ原の戦いを経て、日本の覇者となるのは徳川家康である。徳川家康の時代、日本はその領土を増やしている。というのも、1609年、徳川幕府の命令を受け、薩摩の島津家が尚氏の琉球王国を制圧し、自藩の管理下としたからだ。

だからといって、尚氏が王から排されたわけでもなく、琉球王国が滅びたわけでもない。琉球王国は薩摩の管理下に置かれるものの、中国王朝への朝貢と冊封はゆるされた。むしろ、徳川幕府はそれを望んでいた。以後、数百年にわたって、琉球王国は薩摩に支配されながら、明・清という中国大陸王朝の冊封国であるという、両属国となる。

琉球王国が中国にも日本にも属する形で両属化されたのは、一つには徳川幕府が対中国ルートを求めてのことと思われる。徳川幕府には鎖国＝内向というイメージがつきまとうが、草創当初から内向きであったわけではない。徳川家康自身、海外交易に強い関心を持ち、実際に大きな儲けを得てきた。その海外交易でもっともカネになるのは、日中交易で

ある。徳川家康は、明相手にルートをつくり、正式な日明交易を再開させたかった。結局、徳川家康の望んだ日明貿易は実現しなかったが、徳川政権は琉球侵攻によって、沖縄を日本の版図《はんと》に組み込んでいたのだ。

こうして徳川幕府が琉球を臣属させたとき、次に見えてきたのが台湾の服属である。台湾に関しては、徳川家康は1609年にまずは肥前の有馬晴信に工作をさせている。有馬晴信は台湾に兵を送り、通商を求めたが、何の成果も得られなかった。

つづいて徳川幕府は、1616年に長崎代官の村山等安《むらやまとうあん》に台湾攻略を命じている。村山等安は子の秋安《しゅうあん》を3000名の兵とともに、台湾に向かわせている。けれども、村山の船団は途中で難破し、1隻が台湾にたどり着いただけだった。上陸した兵らは、原住民に殺されている。

徳川幕府の台湾への野望はここで終わっている。以後、徳川幕府は鎖国の方向に向かうため、台湾はどうでもよくなっていた。すでにスペインやオランダは台湾の地政学的重要性を知り、ここに拠点を築こうとしていたのに対して、徳川幕府はスペインやオランダほどに台湾の重要性も認識できなかったようだ。

日本生まれの鄭成功が対清戦争の拠点とした台湾

１６４４年、中国大陸では李自成《りじせい》の乱によって、明帝国が消滅する。明滅亡後、中国大陸に進撃を開始したのは、満洲にあった清帝国である。満洲族の清帝国は、時間をかけて中国大陸を征服していった。

異民族である満洲族による中国制覇に抵抗したのは、明の残党たちである。彼らは中国各地で満洲族の軍と戦うが、しだいに追い詰められていく。そんななか、明の残党たちの協力者となったのが鄭成功《ていせいこう》（１６２４〜１６６２）である。

鄭成功の父は、倭寇の頭目だった鄭芝竜《しりゅう》、母は日本の平戸の女性である。明帝国にとって倭寇は手強い敵であったが、明を再興するためには、倭寇の流れを汲む者の力を必要としたのだ。鄭芝竜・成功親子は、明の復興に向けて協力する。

鄭成功が当初、拠点としたのは中国大陸の厦門《アモイ》とその沖合にある金門島である（21ページ地図2参照）。金門島は現在も台湾が実効支配していて、海洋勢力の拠点となりやすい。

ただ、金門島は手狭であり、しかも大陸から近すぎる。そこから先、鄭成功が対清戦争の新たな拠点として着目したのが台湾である。台湾は小さな島とはいえ、産業の育つ余地はいくらでもある。台湾を拠点とするなら、鄭成功一派はより大きな経済力、軍事力を有し、対清に強力な勢力になりうる。

すでに台湾東南部には、オランダの勢力がはいりこみ、ここを拠点化してきている。鄭成功は、オランダを台湾拠点化の成功モデルと見なし、オランダ人から台湾を奪いにかかった。鄭成功の軍は、オランダ人たちが立て籠るゼーランディア城を1年間にわたり攻囲し、ついにはオランダ人たちを台湾から立ち去らせている。

以後、鄭成功をはじめとする鄭氏一族は、台湾東南部の新たな支配者となった。鄭成功の目論見どおり、一時は鄭氏の台湾は盛り上がりを見せる。異民族である清の統治を嫌った中国大陸の漢族が、台湾に移住してきたからだ。鄭氏の台湾は、清帝国にとってやっかいな敵になりつつあった。

鄭氏の台湾に手を焼いた清の台湾対策は、「遷界令《せんかいれい》」という奇妙な荒手となった。遷界令では、中国大陸沿岸の住人を沿岸から内陸へと強制移住させ、鄭氏の交易、海賊による財源を断とうとした。それは無茶を承知の窮余の策であり、それほど清は台湾からの攻撃に苦しんでいた。

清を苦しめる鄭成功の名は、彼が日本人の母を持つこともあって、日本でも知られるようになる。そこから生まれたのが、近松門左衛門の人形浄瑠璃『国性爺合戦《こくせんやかっせん》』だ。「国性爺」とは鄭成功の異名であり、物語では鄭成功をモデルとした和藤内《わとうない》（和人でも唐人でもない、から付けられたといわれる）が明の再興のために戦っている。

徳川幕府が鄭成功との共闘に難色を示したわけ

明の復興を掲げる台湾の鄭氏一族だが、鄭一族の台湾のみでは、巨大化する清帝国の打倒はむずかしい。そこから先、鄭成功は対清戦争の同盟者を求めた。その一つが、日本の徳川幕府であった。

当時、徳川幕府はいわゆる鎖国体制を完成させていたとはいえ、完全に内向きになっていたわけではなかった。この時代、徳川幕府はまだ外交を視野に入れていたし、諸大名はいまだある程度の軍事力を維持していた。

日本の諸大名の強さは、朝鮮半島での戦いで証明ずみである。幕府軍主力に諸大名の軍勢が加わった日本勢と同盟するなら、一大軍事力となろう。鄭成功にはそうした計算があったから、使者を徳川幕府に送り込み、明復興の協力を求めた。

けれども、日台同盟による中国大陸進撃計画は画餅《がべい》に終わっている。肝心の徳川幕府が難色を示したからだ。

明復興への共闘に関しては、幕府内にも積極論はあった。けれども、最終的には鄭氏からの申し出を拒絶している。

徳川幕府が派兵に消極的となったのは、すでに満洲族の清帝国に対する脅威論が風化していたからだ。清を建国する満洲族は1620年代、1630年代、朝鮮半島に侵攻し、朝鮮国王をパニックに陥らせていた。徳川幕府は清を「第二のモンゴル帝国」と見なし、強く警戒していた。将軍・徳川家光は、李氏に武器支援の打診まで送っていたのだが、満洲族は李氏の国王を完全に平服させたことに満足し、李朝を属国のままに放置した。

その後、満洲族の清帝国が中国大陸を制覇するものの、清には海洋進出の気配がなかった。清の関心は中国大陸の統治や内陸に向かっていて、清軍の日本侵攻はありえないとされるようになっていたのだ。

加えて、徳川幕閣は、朝鮮半島に出兵した豊臣政権の崩壊の事実をいまだ強く記憶に焼きつけている。海外派兵は徳川政権をぐらつかせかねないとの判断で、台湾を見捨てることとなったのだ。ただ、徳川幕府は琉球を通じて、反清勢力には弾薬製造に欠かせない硫黄を送る程度の支援は行っている。

徳川幕府の支援を得られないまま、台湾に拠っていた鄭氏だが、チャンスを活かせなかった。1670年代、中国大陸では漢族の将軍らによる三藩《さんぱん》の乱が勃発、清の康熙《こうき》帝を苦しめていた。この長引く乱の間に、中国大陸への反攻はありえたが、鄭成功の死後、鄭氏一族内には内紛がつづき、この機を活かせなかったのだ。

1681年、康熙帝が三藩の乱を平定すると、つづいては台湾平定となる。台湾侵攻を命じられたのは、鄭芝竜の配下であった者であり、満洲族の武人たちと違い、海の戦いを知悉《ちしつ》していた。彼が澎湖海戦で鄭氏一族を打ち破ったとき、鄭氏一族は戦意を喪失、清帝国に降《くだ》っている。

こうして清帝国は、台湾を版図に加えることとなった。中国大陸にある王朝が、初めて台湾を手にしたのである。厳密にいえば、満洲族の皇帝が手にしたのだが。

清支配下の台湾が貧しいまま放置されていた理由

17世紀後半、清帝国の版図に組み入れられた台湾だが、大陸側のような豊かさを享受することはなかった。清の皇帝たちに、台湾をまともに統治する気がさらさらなく、台湾をほとんど放ったらかしにしていたからだ。

康熙帝、雍正《ようせい》帝、乾隆《けんりゅう》帝という三代の皇帝たちは、のべおよそ130年間統治をしてきて、優れた統治実績をあげてきている。三代の皇帝たちは中国大陸の統治にはじつに熱心だったのだが、その熱心さが台湾に向けられることはなかった。

そこにある真の意図は、台湾の弱体・無害化である。台湾が豊かになれば、ふたたび台湾から鄭成功のような人物が登場しかねない。清は、中国大陸を苦しめる「第二の鄭成功」が台湾に出現することを恐れ、台湾を貧しいままにしておいたのだ。

第二の鄭成功が現れずとも、台湾が豊かになれば、台湾は清の敵性勢力から狙われる。台湾が強力な敵性勢力の拠点となれば、中国大陸に対する匕首《あいくち》となる。清は敵性勢力の目に止まらないよう、台湾の成長を止めようとしたのだ。

その典型的な政策が、「台湾渡航禁令」である。台湾渡航禁令とは、大陸から台湾への渡航制限である。まずは許可制であり、家族ぐるみの渡航は禁じられた。ゆるされたのは男のみの渡航であり、その後の家族呼び寄せも禁じられた。さらに、台湾に渡ってきた男が、原住民の女性と結婚するのも禁じられていた。

台湾を支配する兵士たちにも、同様の制限がかけられ、家族同伴の台湾駐在は禁じられた。しかも兵士の台湾勤務は3年を上限とし、その後は大陸に戻された。

ただ、「台湾渡航禁令」はザル法であり、抜け穴も多かった。そのため、台湾には大陸から密航する一族もあった。大陸で食い詰めた者にとっては、台湾は一発逆転を狙える地でもあり、福建からホーロー人や客家が台湾に渡ってきていた。禁令を無視して、原住民の女性と結婚するホーロー人や客家の男たちもいた。台湾は清帝国の領土としてしだいに「中国化」し、原住民は漢族と共存するか、山岳地帯や東部の丘陵地帯へと追い詰められていくかだった。

清と交わることのなかった江戸時代に、中国崇拝が高まった日本

17世紀半ばから19世紀半ばまでのおよそ2世紀、東アジアは平穏な時代を迎える。とくに東アジアの海は、無風状態となった。日本と中国王朝がまったく交わることなく、無視し合えるようになっていたからだ。

日本の場合、鎖国を完成させていた。徳川幕府が海禁政策、つまりは鎖国に向かったのは、カトリックの浸食を嫌ったからでもあれば、西国の外様大名の強大化を恐れたからでもあろう。

交易による経済発展には、西国の大名はことさらに熱心であった。交易がいかに富をもたらすかは、徳川家康が自身の交易によってよく知るところである。交易で巨大化した西国大名が連合するなら、徳川幕府は危うい。徳川幕府は、西国大名をこれ以上に増長させないためにも、鎖国という封じ込め政策に出るよりなかった。

これにより、鎖国下の日本からは海外に出る者はいなくなる。当然、倭寇も消滅し、日中間の最大のトラブルは消えていった。清帝国は倭寇に悩むことがないから、日本を無視

してよかったのだ。

しかも、清は大陸志向の強烈な帝国である。清の皇帝たちはチベット仏教の熱心な信者であったから、チベットの守護者たろうとした。モンゴル高原や東トルキスタン（現在の新疆《しんきょう》）の安定にも力を注いでいたから、東アジアの海洋戦略など清にはなかったのだ。こうして日中対立がなくなれば、台湾も無風状態となり、その地政学的な地位は下がる。

日中が互いに交わることのない200年は、日本にとって不思議な時代でもある。この時代、日本人、とくに知識人の間に中国崇拝熱が高まっていくからだ。

清と交わることのなかった江戸時代に中国崇拝熱や憧憬が高まったのは、儒学の広がりによってである。儒学の考えは早くに日本に伝わっていたが、ほとんど無視されていた。ところが、徳川幕府の始祖・徳川家康は統治の学問としての儒学に着目した。以後、江戸幕府は儒学を奨励し、儒学者を重用するようになった。多くの藩主もこれにならったから、江戸時代の日本では儒学が広まった。

儒学の世界では、中国は儒学の祖・孔子、あるいは孟子、朱熹《しゅき》らを生み出した聖人の国になる。江戸時代の知識人は、儒学の本場・中国にこそ、高邁な理想があるとして、中国を礼賛するようになったのだ。

もちろん、多くの国がそうであるように、中国もまた聖人君子の国ではない。中国にあるのは、日本より苛烈な権謀術数の世界でもあれば、強烈な中華思想の世界でもある。中国に渡ることさえなかった日本人は、そんな中国の現実を知ることがなかったから、中国への夢想と憧憬は膨らむばかりであった。

この江戸時代を通じて高まった中国崇拝熱は、明治維新ののち、中国との軋轢をしばしば経験しても、容易には冷めなかった。

一方、清帝国は日本を無視しつづけ、ついには日本の存在はじつにちっぽけなものになる。清帝国は、これまで中華帝国に服属したことのないチベットやモンゴル、東トルキスタン（新疆）をも服属させ、巨大な版図を築いた。漢族の文化人たちも、これをひそかに誇りにし、自国の地大物博《ちだいぶっぱく》に酔ったと思われる。清の巨大な版図を思うほど日本は海に浮かぶ、取るに足りない小国程度の認識しか持たないようになっていった。知識人であれ、明の時代に倭寇や豊臣秀吉に嘗《な》めさせられた苦汁を忘れ、日本を脅威とするのは愚かにも思われた。だから、その小国・日本に敗れた19世紀末の日清戦争は、中国大陸の住人には大きな衝撃となるのだ。

第2章

急速な近代化で躍進する日本、消耗する中国、吸収される台湾

アヘン戦争はなぜ、日本に巨大な衝撃を与えたのか？

19世紀後半以降、日本、中国、台湾は激動の時代を体験する。日本は頂点から奈落を見たし、中国はどん底から頂点に駆け上がろうとしてきた。台湾は、その帰属の移り変わりのすえ、独立を志向するようになった。

そのすべてのはじまりは、欧米諸国の東アジア進出にある。とくにアヘン戦争とアメリカのペリー提督の東アジア登場が、日本、中国、台湾に激震をもたらしていった。

アヘン戦争は、イギリスの中国に対するアヘン輸出がもとで起きた戦争である。アヘン戦争では、清帝国軍はその強さを発揮するところなく、イギリス軍に翻弄されつづける。イギリス軍の主力となったのは艦隊であり、中国大陸沿岸を自由に遊弋《ゆうよく》し、防御の薄い地点に奇襲を仕掛けてきた。清の巨大な陸軍は、イギリス軍の機動戦に振り回されるばかりであった。

満洲に勃興した清は、もともと大陸志向が強く、海に関心がない。ヨーロッパ列強が強力な海軍を有して世界支配に乗り出した時代にあっても、彼らに対抗する海軍を持とうという発想がなかった。海からの攻撃にどう立ち向かうかもわからないままだったから、清にはイギリス艦隊を止める力がなく、イギリス相手に停戦交渉に踏み切るよりなかった。

イギリスと清の停戦交渉は、一つには南京条約となる。清は香港島を割譲させられただけでなく、莫大な賠償金を支払うことを呑むしかなかった。清は、アヘン戦争に敗れたことを天下に示したのである。

アヘン戦争は、こののちの中国共産党政権の見解では、中国の恥辱の時代のはじまりなのだが、当時、当事者だった清の道光帝《どうこう》にそんな意識はなかった。彼は、夷狄であるイギリスにちょっとだけ痛い目に遭わされたくらいにしか思っていなかったようだ。広大な版図のなか、香港の割譲くらい安いものと思っていたふしがある。

アヘン戦争にもっとも衝撃を受けたのは、じつは清ではなく、当事者でも何でもない鎖国中の日本である。19世紀前半の日本ではいまだ中国崇拝熱がつづき、中国を世界無二の超大国とでも思っている。その中国王朝が、イギリスという日本人にはなじみの薄い国に敗れたのである。それは、単純に巨大な衝撃だったのだ。

いかに徳川幕府が海禁政策を強制していたとはいえ、すでに日本の一部の知識人は蘭学を通じて、西洋の文物、思想の優越にも気づきはじめている。とくに軍事面において、日本は劣弱ではないかという危惧があったが、アヘン戦争での中国の敗北はその危惧を深めるものであった。徳川幕府の幕閣も、海からの攻撃に対する江戸の守りの手薄さ、海防の弱さを認めざるをえなくなってきた。

そこから発動するのは、水野忠邦による天保の改革である。天保の改革は疲弊した幕府財政を建て直すための改革に思われがちだが、じつは世界を見ての改革である。天保の改革では、水野は上地令《あげちれい》を発して、江戸と大坂の軍事面の強化を図っている。

けれども、幕閣を含めた日本の住人は、長い内向きの平和に慣れすぎていた。日本の住人は大きな変革を嫌がり、これまでどおりの時間を過ごすことを好んだ。結果、天保の改革は挫折してはいるが、アヘン戦争が日本の危機意識を高めた事実は動かない。

欧米列強の注目を集めたペリーの台湾報告

1853年、アメリカのペリー提督率いる艦隊が浦賀に来航する。徳川幕府はペリー来航の情報を早くに入手していたものの、対応には手を拱《こまね》いていた。そんななか、日本の住人の目の前に「黒船」が現れたのだ。意識の高い住人、物見高い住人は浦賀へと足を運び、黒船に新たな時代の象徴を見た。以後、江戸日本では「幕末」がはじまり、1867年には徳川幕府は消滅してしまう。

ペリーの黒船は、変化を求めながら変化を渋っていた日本を大きく動かす衝撃となったが、じつは台湾の地政学的地位を大きく引き上げてもいる。1854年、ペリーの艦隊は日本で日米和親条約を結んだのち、台湾に向かったからだ。ペリーの艦隊は、台湾北部の基隆《キールン》（21ページ地図2参照）に停泊し、台湾周辺を調査している。

ペリーの台湾報告は、アメリカのみならず、ヨーロッパにも送られ、ヨーロッパ列強の注目するところとなっていた。台湾は海洋の拠点となりうるとして、長く眠っていた地政学的地位を上げようとしていた。

これに対して、台湾を領有する清帝国も動こうとしていた。すでにアヘン戦争の時代、基隆はイギリス艦隊の攻撃を受けてきた経緯がある。欧米列強の艦隊が台湾のどこかを根拠地にするなら、中国大陸沿岸はつねに脅威にさらされる。清帝国は、これまで台湾から「第二の鄭成功」が現れないよう、台湾を貧しい島にして放っておいた。それは、台湾の守りの弱さにつながる。清は台湾の地力の拡充にようやく動いたのだが、時間は待ってくれなかった。

日清修好条規、そして日本の台湾出兵

1860年代、日本では徳川幕府が自主的に消滅し、代わって新たな政府による明治維新が進む。明治維新とは日本の欧米化＝近代化の推進運動でもあり、日本は欧米にならって近隣国との国交確立と国境線の確立を急いだ。

清帝国と日本の国交が成立するのは、1871年のことだ。日清修好条規によって、日本は室町幕府の時代以来、数百年ぶりに中国大陸の政権と正式な外交関係を築いたことになる。

と同時に、日本は国境線を確立させていくのだが、このとき一つの焦点となったのは、琉球王国の帰属である。琉球は薩摩藩の支配を受ける一方、長く清から冊封を受けてきた。琉球は日本と中国に両属する格好をとっていた。国境概念のあいまいな時代の東アジアだからありえた話だ。

けれども、日本が欧米型の国境線を確立させようというとき、両属はありえない。日本は清を無視して、琉球王に版籍奉還をさせ、つづいて廃藩置県を断行した。これにより、

琉球王国は消滅、日本に属する沖縄県が成立した。

清は、日本の沖縄確保を黙認せざるをえなかった。というのも、当時の清の海軍は貧弱であり、日本を力で抑制することができなかった。沖縄への派兵は困難であった。

日本が沖縄を確保していく過程で、日本の政権に見えてきたのは、沖縄の南にある台湾である。近代日本の台湾体験は、１８７１年に起きた「牡丹社《ぼたんしゃ》事件」にはじまる。

それは、沖縄の宮古島の船員たちが台湾南部に漂着、パイワン族の牡丹社という村の者らに襲撃され、54名が殺害された事件だ。すでに日本は沖縄を自国領と見なしていたから、沖縄の住人を守らねばならない。日本政府は台湾を領有している清帝国政府に強く抗議したのだが、このときの清の態度は要領を得ないものであった。清は「化外（中華文明の及んでいない地）のため、調査がしにくい」として、責任を回避しようとした。

清からすれば、たしかに台湾の原住民は化外の民であった。台湾では中国化が進んでいたものの、中国化とはまったく無縁な原住民も少なくなかった。彼らは独自の言葉、文化を固持していたから、漢族の者らは立ち入りようがなかっただろう。

けれども、台湾で沖縄出身の日本国民が殺されたのは事実である。清が台湾の領有を主張するなら、清が殺害の責任を負わねばならない。日本政府は清を追及、日清間で牡丹社事件の解決は難航する。

ここで、日本政府は独自行動を起こす。1874年に、台湾へと出兵し、自力で牡丹社を屈伏させた。日本は清を無視して台湾での事件を解決しようとしたから、清も交渉を成立させるしかなかった。日本の行動を看過したのでは、清は台湾を自国領とはいい切れなくなるからだ。結局、清は日本の台湾出兵を自国民保護のための「義挙」と認め、被害者には償金《しょうきん》を支払うことになっている。

牡丹社事件から台湾出兵にかけて、日本が認識しはじめたのは、台湾の地政学な重要性である。と同時に、清には台湾統治に対して強い熱意と決意が見られなかったことだ。日本は、清から台湾切り取りの可能性を見るようになってきた。

日清戦争への遠因ともなった長崎事件

1870年代から1880年代にかけて、日本と清帝国の対立が加速していく。とりわけ清は、欧米列強以上に日本を敵視してきたのだ。

清が日本をことさらに敵視してきたのは、日本が清の既存の勢力圏に手を突っ込み、自分のものにしていると映ったからだ。まずは、清にも朝貢してきた琉球を廃藩置県によって日本の領土と確定させ、つづいては牡丹社事件を契機に台湾に出兵までしてきた。

海洋での対立のみならず、日清は朝鮮半島でも強く対立していた。朝鮮半島の李朝もまた清の冊封国だったが、日本は朝鮮の独立を望んだ。朝鮮半島に強い意志を持った独立文明国が現れないことには、日本の独立そのものが危ういと考えていたからだ。かりに朝鮮半島がロシアの勢力圏に陥るなら、日本はロシアの恫喝《どうかつ》に怯えつづけることになろう。

けれども、清にとって、日本の唱える朝鮮独立論は日本にのみ都合のよいものにしか映らなかった。日本の唱える朝鮮独立論とは、日本と結託した朝鮮が生まれるようなもので、朝鮮は清の勢力圏から離れていく。ゆえに、清は日本の主張をゆるしがたく、日本と清は朝鮮半島を巡って対立を深めていった。

清が日本との対立を回避しようとしなかったのは、日本に対する侮《あなど》りと怒りが混在していたからだろう。清からすれば、日本は長く中華秩序の埒外《らちがい》にある、小さな島国にすぎない。だから、長く侮りもしてきた。そんな国が清に対して平等に振る舞い、主張してきていることを僭越、生意気と受け取り、怒ったのだ。日本を懲らしめることで、アジアの盟主がいったい誰なのかを清は世界に示したかったといっていい。

清には、意欲もあった。日本が明治維新を発動させた1860年代、清でも明治維新のような改革である「洋務運動」が進行をはじめていた。アヘン戦争では変わらなかった清だが、その後、洪秀全《こうしゅうぜん》率いる太平天国との戦いを経験して欧米に対する見方を改めていた。太平天国相手の戦いでは、イギリスのゴードン将軍らの助力があり、清は欧米の技術力、軍事力を評価せざるをえなかった。そこから、洋務運動がはじまった。

清の洋務運動は、明治維新同様、富国強兵と近代産業の育成を目指した近代化であった。清での西洋型改革はある程度軌道に乗り、清は軍事力を増強させていた。

とくに海軍である北洋艦隊は、増強を達成していた。ドイツから最新の戦艦「定遠《ていえん》」「鎮遠《ちんえん》」の二隻を購入、二隻は当時、東アジア世界で最強の戦闘艦であった。「定遠」「鎮遠」は、清の誇りであり、日本を威圧する武器にもなっていた。それが1886年の「長崎事件」になる。

「定遠」「鎮遠」をはじめとする北洋艦隊が日本の長崎に入港、その威容により日本の住人を威圧しようとした。日本は、「定遠」「鎮遠」の威容に押し黙るしかなかった。清の水兵たちは日本の許可を得ることなく、長崎に上陸し、長崎で狼藉を働く。これが日本の警官のみならず民間人を巻き込んだ、一大騒擾《そうじょう》事件となる。

長崎事件は、清の水兵たちが日本を侮っていたから起きた騒擾だろう。海軍を充実させた清は日本相手に鎧袖一触《がいしゅういっしょく》を想定していて、その奢《おご》りが水兵たちの心理にもつながったと思われる。こののち、清は日本との戦いを避けようとはしなかった。そして1894年からの日清戦争となる。

日清戦争後、東京が中国革命の温床になった理由

1894年にはじまった日清戦争は、当初、朝鮮半島を舞台にする。朝鮮半島で勝利を収めた日本軍は満洲方面にも軍を進め、海の戦いでも強敵の中国・北洋水師（北洋艦隊）を圧倒する。いかに北洋水師に強力艦があっても、戦術と規律で日本海軍が北洋水師を凌《りょう》駕《が》した。

日本軍の勝利は、日中の近代化競争における日本の優越でもあった。すでに述べたように、日本が明治維新を始動させた1860年代から、中国も洋務運動によって近代化を進めてきた。北洋水師の艦は近代化の象徴ともいえたが、清はそれでも十全な近代化を果たせなかった。近代的なモノさえ揃えれば十分という清に対して、日本が欧米の近代の精神

や規律までも学ぼうとした差だろう。

日清戦争の敗北は、清にとって大きな衝撃となった。それまでイギリスやフランス相手に敗れたのは、文化の異なるヨーロッパ相手だからしかたないともしてきた。けれども、それまで蛮夷と嘗めていた小国・日本に敗れた事実は、中国大陸の住人のプライドを大きく損ねた。もう清は、アジア随一の国ではなくなるという思いが強くなるほどに、渋々であれ、日本の先行を認めるしかなかった。

ここからはじまるのは、清内部の新たな改革である。光緒帝《こうしょ》が中心となり「戊戌《ぼじゅつ》の変法」を試みている。それは日本の明治維新を参考にしたものであり、誇り高い中国が小国・日本のありようを真似ようとしているのだ。それは中華思想を奉じてしまっている清の宮廷ではおもしろい話ではなく、西太后《せいたいこう》を中心とする勢力に挫折させられている。

清の宮廷の動きよりもより過激だったのは、住人のほうだろう。中国では、住人は中華思想を穢《けが》されたことから排外主義に動く一方、志のある者は日本への留学をはじめた。当時、日本には西洋の専門書の翻訳が数多くあったからだ。

日本には、江戸時代中ごろからの蘭学熱により、西洋の専門書を日本語に翻訳する文化と技術が根づいていた。ゆえに、明治維新ののちも、英語やドイツ語、フランス語などの専門家を育てやすく、日本には西洋の翻訳書が揃っていた。一方、「中華思想」を奉じる中国にとっては、漢字こそが唯一無二の文化であった。そのため、中国には翻訳の文化、技術が乏しく、英語、フランス語などの専門書を中国語に訳すのは至難であった。その中国の住人でも、日本語に訳された書物には漢字が多いから、なんとなく理解できたのだ。

こうして中国大陸から日本へ渡った者らは、近代化の意味を知りはじめる。彼らは、清のありように絶望し、新たな政府樹立を構想するようになる。東京は、中国革命の温床にもなっていた。

下関条約で日本が台湾の割譲を要求した狙いとは?

日清戦争の戦後交渉は、下関条約の締結となる。下関条約では、日本の要求どおり、清は朝鮮の独立を認め、遼東《りょうとう》半島(のちに返還)と台湾までも日本に割譲している。

遼東半島に関しては、日本軍が占領した地だから、日本の割譲要求も当然だろう。けれども、台湾は日清戦争の舞台にはなっていない。日清戦争の焦点にもなっていない。日清戦争の焦点は、あくまで朝鮮をどうするかで、台湾をどうするかの話ではなかった。

（地図3）日本列島、沖縄、台湾の海封ライン

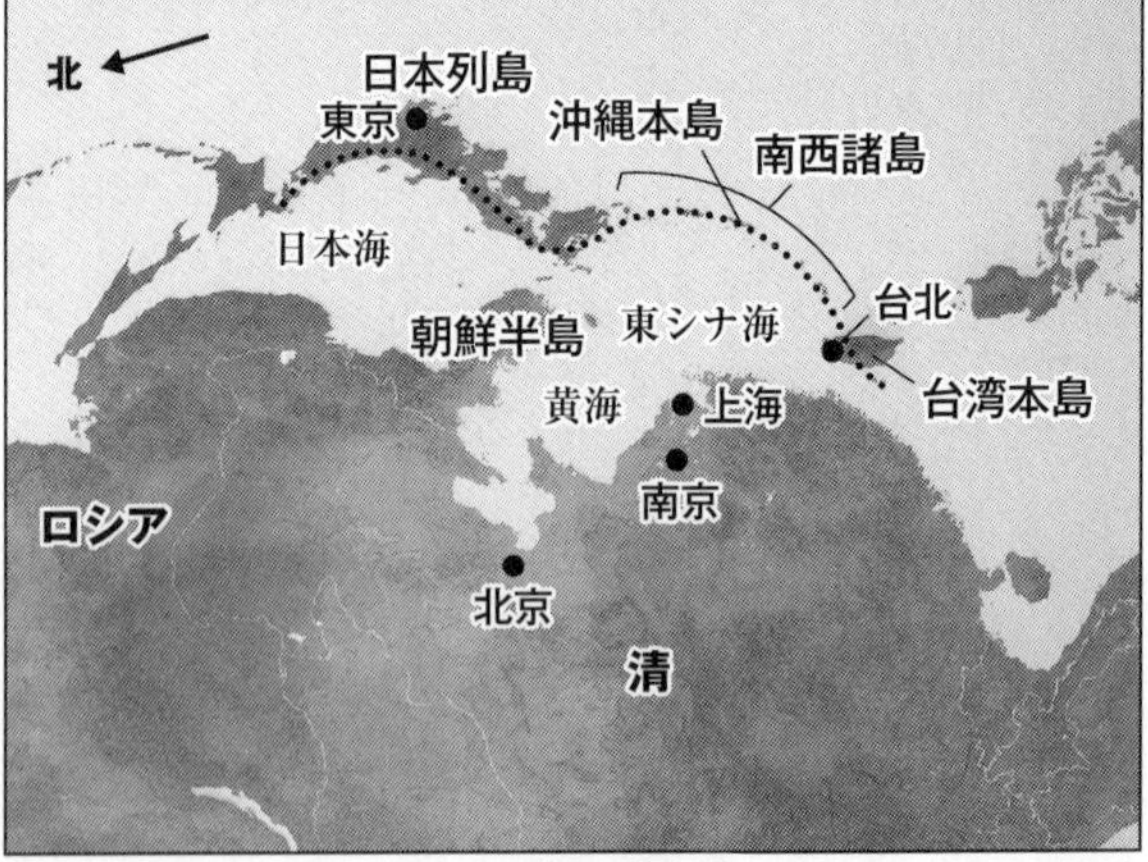

地図画像提供：Naeblys/Adobe Stock

にもかかわらず、日本は戦勝をいいことに台湾を要求、割譲させているのだ。そこには、日本の防衛戦略、対清封じ込めの狙いがあろう。

この時代、日本にとって最大の脅威は、欧米列強というよりも清であった。欧米列強はたしかに脅威であり、戦争になればかなわないだろう。ただ、日本はこの時代にあっては欧米列強と対立を避けてきた一方、日清戦争に勝ったとはいえ、清帝国の力はいまだ侮れない。だからこそ、台湾を手にすることで、日本列島、沖縄、台湾のラインで、清を海から攻囲し、封じ込める必要があったのだ。

さらに、台湾を狙っているのは、日本のみではない。隙があれば、フランスやイギリス

が奪いかねない。だからこそ、日本は日清戦争の勝利をよい機会に、列強に先んじて台湾を自国領としたのだ。

これにより、日本は台湾を50年間にわたって統治することになる。

日本にとって台湾統治は、新たなるフロンティアである。日本の指導者たちは台湾統治に意欲的であったが、その手法は当初、手荒なものであった。台湾の住人は、文化も言語も異なる日本の統治に違和感を持ち、強い抵抗運動もあった。こののちの朝鮮半島統治よりもずっと困難であり、多くの犠牲者も出してきた。

けれども、日本が台湾の住人の懐柔政策に乗りだし、衛生や生活文化の改善に着手していくと、台湾の民生も安定していく。近代化＝西洋化を目指す日本は、台湾に非中国の文化を植えつけていく。

日露戦争の勝利で、東アジアの制海権を得た日本

1894年にはじまった日清戦争により、中国海軍の脅威を消し去った日本だが、それでもまだ東アジアの制海権を得たとはいえなかった。大国ロシアが南下し、満洲に利権を

得たのみならず、朝鮮半島までを併呑《へいどん》しそうな勢いだったからだ。

日清戦争後、ロシアは遼東半島の旅順に要塞と港湾を建設、ここにロシア旅順艦隊を形成した。ロシアはウラジオストクの海軍基地にも艦隊を有して、旅順、ウラジオストクのロシア艦隊は、日本の脅威となった。とくにロシア旅順艦隊があるかぎり、日本近海は安全とはいえず、東アジアの海の帰趨《きすう》は定かではなかった。

そうしたなか、1902年に日本はイギリスと同盟を結ぶ。イギリスはロシアの東アジアでの南下行動に単独では対処できず、日本を対ロシアのパートナーと見なした。日英同盟の締結によって、日本は国際社会のプレイヤーと認められたといっていい。

当時、日本の最大の目的は、ロシアの朝鮮半島併呑を防ぐことである。日本は日英同盟を背後に、1904年、ロシアに戦いを挑んだ。日露戦争のおもな舞台は、満洲である。満洲では日本とロシアの大軍が何度も激突し、ロシア軍を少しずつ後退させていた。その満洲はといえば、中国を統治した満洲族の清の皇帝の故地である。清の皇帝は、満洲での日本軍とロシア軍の戦いを阻止も介入もできず、傍観するよりなかった。それほどに、中国の国際的な地位は低落していた。

1905年、日本陸軍は旅順要塞を攻略、日本海軍は日本海海戦でロシア艦隊の無力化

（地図4）日清・日露戦争と東アジア地図

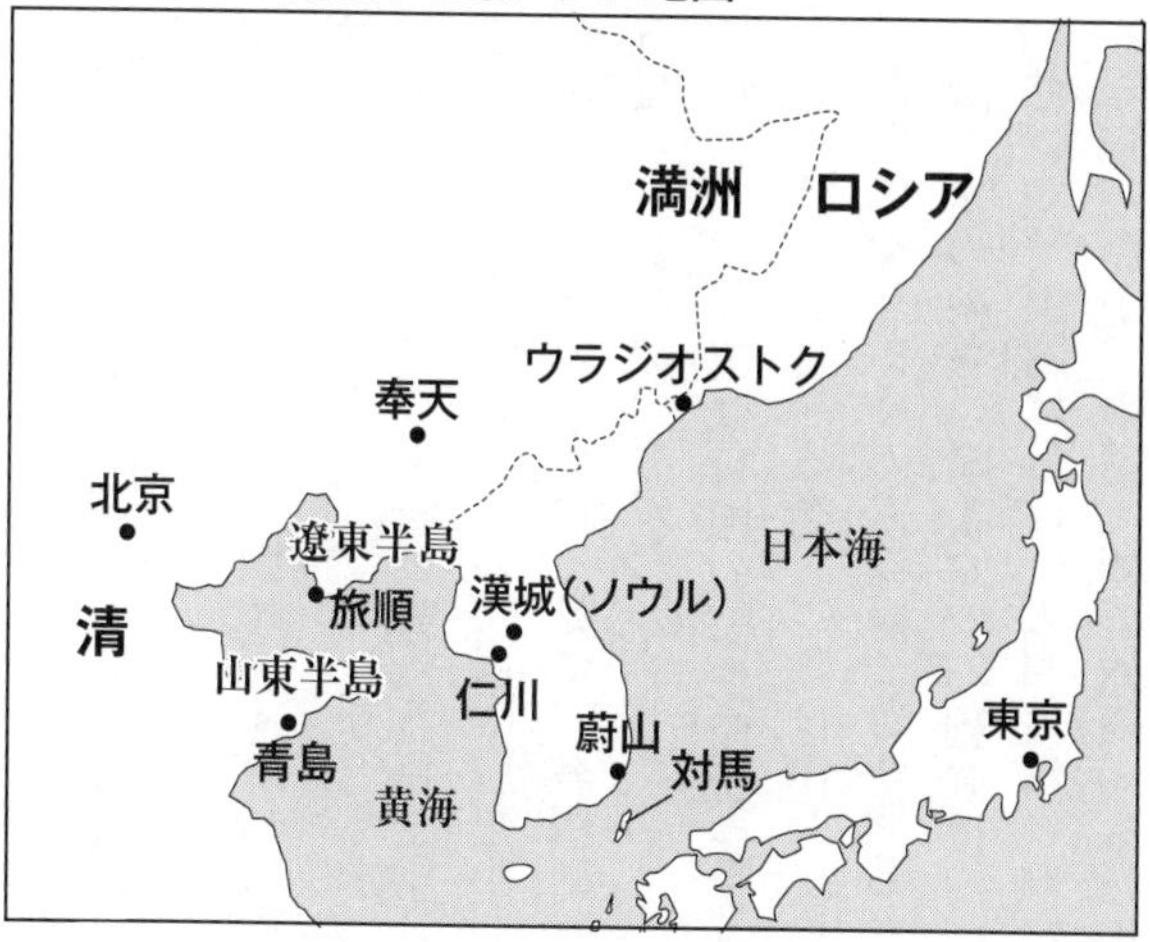

に成功する。日本は日露戦争を勝ち切り、ロシアに東アジアでの南下を断念させる。

以後、朝鮮半島は日本の勢力圏に入り、１９１０年、日本は韓国を併合する。日本は朝鮮半島という大陸にも拠点を持ち、日本列島、沖縄、台湾の弧により中国大陸を海洋包囲した。日本は東アジアの海洋を監視下に置き、東アジアの海洋にあって日本に挑戦しようという国は皆無となっていた。

こうした状況は、日本が日米戦争で難局に追い込まれる１９４４年あたりまでつづく。

辛亥革命――「中国」という言葉が登場した経緯

20世紀初頭、清朝の中国は、すでに大国とはいいがたかった。1900年からの北清事変がそれを象徴している。

北清事変は、排外主義を唱える秘密結社・義和団による北京占拠、各国公使館包囲にはじまる。当初、傍観していた西太后を中心とする清の宮廷は、各国の公使館を保護するどころか、これをいい機会と見て、各国に宣戦布告した。清の宮廷としても、諸外国を中国から追い出したかったのだ。

けれども、各国は自国の公使館員を保護するため、共同出兵を行い、北京を占領する。西太后らは、北京を放棄し、逃げ出していた。清には内部を統治する気力がなく、諸外国とまともにやりあう力もないことが明らかになった。

北清事変ののち、ヨーロッパ列強は中国の切り取りにかかり、中国を半ば植民地のようにしていく。中国はもはや大国とはいいがたく、国の維持さえも危うかった。

そうしたなか、中国大陸の知識人らは満洲族の清に見切りをつけた。清の体制では、中国は変わりようがなく、近代化もできず、強国にはなれない。漢族を中心とした新たな政体で、新しい国をつくらねばならない。これが打倒・清の革命運動となり、1912年、清は消滅、孫文《そんぶん》を臨時大総統とする「中華民国」が生まれる。

清打倒の革命運動のキーワードは、「中華」「中国」である。それまで、中国大陸にあって、「中国」という言葉はなかった。中国には国名というものがなく、唐、宋、明などの王朝名はあっても、自らの普遍的な名乗りは存在しなかった。彼らの地域が世界の中心であり、唯一無二であるという思い込みからの話である。

日本人からすれば、「中国」といえば、山陰、山陽を合わせた地方のことであった。山陰、山陽の「中国」はずっと古くからある呼称であり、明治の日本人は中国を「支那」や「清国」と呼んできた。

けれども、中国大陸の住人が新たなる国を創造しなければならなかったとき、「国名」が必要となる。このとき、中華思想の危機までが強く意識され、「中国」という言葉が生まれたのだ。20世紀初頭、中国大陸では「興中会」「華興会」なといった革命結社が結成された。諸々の革命結社を大同団結させたのが、孫文の「中国同盟会」である。

中国の革命結社の少なからずは、日本の東京にあった。東アジアにあって、もっとも近代思想に触れられる地は東京である。ゆえに清帝国に不満を持つ者ほど日本に渡り、東京で革命を志し、仲間を求めた。「中華民国」は、東京を濫觴《らんしょう》にしていたともいえる。

なぜ、日本陸軍は中国大陸に吸い寄せられていったのか？

1912年に建国がなった中華民国の実態は、統一国家とはいいがたかった。各地に軍閥が勢力を築いている分裂国家といってもよかった。

初代の臨時総統となった孫文に、さしたる求心力がなかったからだ。というのも、中国大陸では、力の論理がまかりとおる。いくら理想論や改革論を主張したところで、力がなければ、相手にもされない。その力とは軍事力であり、中華民国の祖・孫文には軍事力がなかった。だから、中国大陸最強の軍閥・北洋軍閥の長・袁世凱《えんせいがい》にやすやすと権力を明け渡すことになる。

袁世凱は新たに皇帝の座を狙っていたようだが、反対勢力も多かった。袁世凱は皇帝になれないまま、没してしまった。彼の死後、最強の軍閥である北洋軍閥は、直隷《ちょくれい》派、安徽《あんき》派、奉天派に分裂し、この三派の軍閥同士の争いがはじまった。中国は、内戦の時代に突入していた。
内戦の平定を目指したのは、国民党の蒋介石《しょうかいせき》である。蒋介石は、日本陸軍で学んできた軍人政治家である。1925年、国民党は中国南部の広州において国民政府を樹立、孫文の支持者であった蒋介石が国民政府（国府）軍を率いて軍閥を一掃する北伐にかかっている。

軍閥同士の戦いにあっては、そこに日本もひきずり込まれるかのように加わっていく。1922年から張作霖《ちょうさくりん》率いる奉天派と呉佩孚《ごはいふ》率いる直隷派の奉直戦争がはじまる。第一次奉直戦争に直隷派が勝利を収めてのち、張作霖は巻き返しに日本の関東軍の助力を求める。要請に応じて関東軍は張作霖の奉天派を後押ししたから、奉天派は直隷派を打ち破っている。勝利した奉天派とて、一気に中国大陸を制覇するのは無理であった。

後世からの視点で大きいのは、日本の関東軍と奉天派の結びつきである。関東軍は満洲にあって、日本の権益を守る軍として、日露戦争後に置かれている。関東軍は満洲で勢力を築いていたが、中国国内に手を突っ込むことはしばらくなかった。

けれども、奉直戦争を通じて、関東軍は奉天派の張作霖と結びついていく。日本政府は、軍人たちが中国の内戦に関わることを禁じていたが、関東軍の軍人たちは、東京の政府から遠いことをいいことに、逸脱をはじめていた。それは、たんなる支援にとどまらなくなる。支援をする者は、支援の見返りの利権を求める。関東軍は張作霖と結びつくことで、満洲における利権を確保しようとしたのである。

ここから先、関東軍、そして関東軍を管轄するはずの日本陸軍は、中国情勢に深入りをしはじめる。関東軍と張作霖の関係がこじれ、対立するようになったとき、張作霖は列車内で爆殺されている。爆殺をなしたのは、関東軍の軍人というのが定説だ。

また、陸軍出身の田中義一内閣（1927～1929）の時代、日本陸軍による山東出兵もなされている。当時、山東省には日本人が少なからず居留していた。中国大陸の軍閥同士の戦争が激しくなると、惨禍は山東省にも及んでくる。そこから、山東へと日本陸軍を派兵している。

山東出兵には、北上をはじめた蒋介石の国府軍への牽制の意味もあった。関東軍は、満洲の利権を守るため、蒋介石の軍を満洲には入れたくない。そのため、北京に近い山東へと出兵、蒋介石の自制を促しもしていた。

日本は、さしたる目的もなく中国大陸に深入りをはじめていた。

満洲事変勃発当初、蔣介石が日本軍と戦わない道を選んだ真相

1930年代、日本の大陸への野心は露骨になっていく。1931年、関東軍は満洲事変を起こし、満洲国を成立させる。日本軍は華北にも勢力を伸ばそうとし、さらに上海でも軍事対決を発生させていた。日本の中国浸食は、中国の住人の反日感情を刺激していた。

本来、日本と対決し、日本軍を駆逐しなければならないのは、国民党の蔣介石であったが、彼にはその気がなかった。蔣介石は、1928年には北京に入城、北伐を完了させていた。蔣介石は、中国の第一人者といってもよかった。にもかかわらず、1930年代前半を通じて、蔣介石の国府軍が日本軍に挑戦することはなかった。蔣介石は、国内に日本軍よりも厄介な敵として、中国共産党を見ていたからだ。

中国共産党は、1921年にソ連の支援によって結成され、一時的ながら国民党とも提携（合作）関係にあった。ただ、蔣介石が北伐中、蔣介石の不在をいいことに江南を中心に「ソビエト区」という独立地帯をいくつも築いていた。共産党が蔣介石に協力的でないのは明らかであり、蔣介石は共産党殲滅《せんめつ》にかかる。

蒋介石の国府軍は、江南のソビエト区潰しに躍起になる。敗れた共産党軍は「長征」という名の大逃走をはじめ、中国大陸内陸部の延安《えんあん》まで落ち延びねばならなかった。

当時、蒋介石が唱えていたのは、「先安内《あんない》、後攘外《じょうがい》」だ。つまり国内の敵である共産党を滅ぼし、国内を安定させたのち、外の敵である日本軍を打ち払うとした。それほどに蒋介石は、共産党を恐ろしい敵と認識していて、日本と戦うどころではなかったのだ。

蒋介石はソ連に視察留学した経験があり、共産党の組織づくり、陰謀工作の恐ろしさをよく知っていたようだ。日本軍は力で押すだけだが、共産党は水面下でいろいろな破壊工作を仕掛けてくる。その恐ろしさを蒋介石はわかっていたのだろう。実際、日本軍が撤退したあとの中国大陸では、共産党が蒋介石に勝利を収めているのだから、蒋介石の懸念は当たっていたのだ。

それはともかく、1930年代前半、蒋介石が日本軍と戦わなかったことにより、日本は中国へと深入りしていく。日本の政権にも軍人たちにも、中国に深入りして何をしたいのかという確固たる目標も戦略もなかった。なりゆき上、ずるずると中国大陸に関わり、関わることで、アジアの「悪役」と化していったのだ。

毛沢東の共産党が日本軍との対決を忌避した理由

1930年代前半、日本軍との対決を避けつづけてきた蒋介石だが、1937年から日本軍との対決に突入する。そこには、1936年の西安《せいあん》事件が絡んでいる。

西安事件は、張学良《ちょうがくりょう》によって西安で蒋介石が監禁されるという事件だ。当時、張作霖の子・張学良は蒋介石のもとで働いていたが、蒋介石の西安視察の折、いきなり監禁してしまった。監禁された蒋介石のもとには、中国共産党の周恩来《しゅうおんらい》までが駆けつけている。この監禁によって、蒋介石の命は共産党の一存に委ねられたも同然となる。蒋介石はやむなく共産党と和解し、共産党と団結して日本軍と戦うことを誓う。あるいは、誓わされたともいえよう。以後、蒋介石は日本軍との対決に向かっていく。

西安事件でなぜ張学良が蒋介石を監禁したかは、よくわかっていない。蒋介石に日本軍との対決を強いるためとも、共産党を滅ぼしたくなかったからともいわれる。ともかく、1937年、蒋介石の国府軍は、日本軍との全面対決を挑む。

蒋介石には、自信もあった。当時、蒋介石はヒトラーのドイツと提携していて、ドイツ軍将校のもと、軍を強化していた。蔣介石は上海で日本軍の一大掃討を仕掛けてきたが、逆に日本軍に敗北する。日本軍に押し込まれた蔣介石は、首都・南京《なんきん》を放棄し、奥地の重慶《じゅうけい》にまで退かざるをえなかった。

この日中戦争にあって、中国側に制海権はまったくなかった。上海沖を遊弋したのは、空母を中心とした日本の艦隊であり、日本と戦う勢力は内陸に退くしかなかった。

日中戦争にあって、日本軍とまったく戦わなかったのは、毛沢東《もうたくとう》率いる共産党である。当時、毛沢東は延安にあって政敵を排除し、共産党の実権を掌握していた。その毛沢東が、共産党の軍を日本との戦いに投入することを禁じたのだ。

毛沢東の狙いは、蔣介石の国府軍の消耗である。毛沢東の見方では、日本軍はいずれ中国大陸で消耗し、撤退していくだろう。だから、日本軍相手に戦うのは無駄だ。それよりも、蔣介石の軍を日本軍にぶつけることで、蔣介石の軍を損耗させることを欲していた。日本軍が大陸から退くなら、消耗した蔣介石の軍を破るのはたやすいという計算だ。

こうして日中戦争は、蔣介石の国府軍、毛沢東の共産党軍、日本軍の三つ巴となったが、戦略がもっとも欠けていたのは日本軍であった。勝利をつづけるものの、目的は何なのかはわからないままであった。蔣介石の場合、もともとの戦略を放棄させられ、戦わされて

（地図5）日中戦争と満洲国

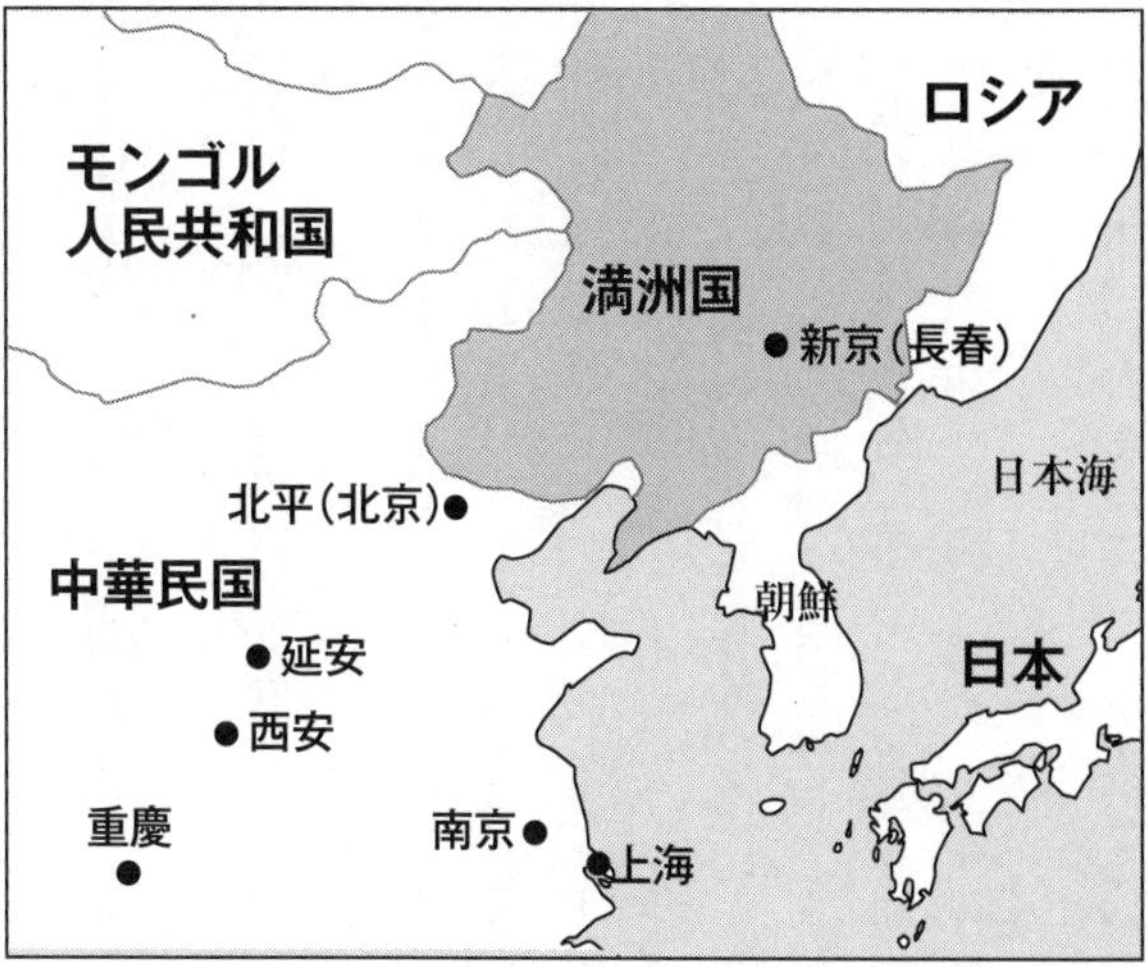

いた。毛沢東はもっとも戦略的に動くことができ、蒋介石の軍が力を落とすなか、これまでの損耗を補い、余力を蓄えることができた。あとは、日本軍を撤退させるのみであり、そのために日米戦を望んでいた。毛沢東の期待は、実現される。

現在、中国共産党政権は日本軍と戦ってきたことに自らの正統性を置いているが、実際に戦ったのは国府軍である。

1930年代、台湾は中国よりも先進地域となった

1920年代から1930年代にかけて、かつて清の領地であった台湾は、大きく変貌していた。清の統治時代、台湾は長く貧しいまま捨ておかれていた。けれども、日本による統治が成果をあげはじめたこの時代、台湾の産業、文化レベルは確実に中国よりも高くなっていった。台湾は、中国を追い越していたのだ。

中華民国も、近代化に向かっていたことはたしかだ。古くからの習俗である纏足《てんそく》を捨てていたし、宦官《かんがん》の制度も消え去った。女子教育も進んでいた。

けれども、台湾の近代化の速度は中国よりも上であった。台湾では産業が興隆、上下水道は整備され、法による支配もなされてきた。

この時代、欧米以外でもっとも近代化が進んでいたのは日本である。日本は、本土レベルの統治を台湾と朝鮮半島で進め、近代化を急いでいた。その成果が、台湾と中国本土の差となっていた。

ただ、中国の住人たちはこの事実を知らないままである。中国の住人からすれば、日本

は野蛮な侵略者でもあった。その野蛮な侵略国・日本に統治されている台湾は、奴隷化されているとでも思っていた。台湾が中国以上に近代化を遂げているとは、夢想だにもしていないのだ。この中国側の思い込みが、その後の悲劇にもつながっている。

第二次世界大戦中、中国の国際的な地位が急上昇した秘密

1937年にはじまった日中戦争は、長期化するが、つねに優勢にあったのは日本軍である。けれども、最後には蒋介石が逆転勝利を収めた格好になる。第二次大戦下、日本軍がアメリカとの日米戦争に無残なまでに完敗を喫してしまったからだ。

アメリカの第二次大戦への参戦は、中国の望むところであった。敵同士である蒋介石も毛沢東も、アメリカの参戦を欲していた。日本軍とまともに戦い、敗れつづけている蒋介石の場合、なおさらだった。

蒋介石の中国は、蒋介石夫人・宋美齢《そうびれい》のロビー工作によって、アメリカを動かしもしていた。宋美齢は英語に堪能であり、しかも美人として評判であった。宋美齢はアメリカのローズヴェルト大統領夫妻にも接近し、大統領に影響力を発揮していた。

宋美齢の水面下での活動もあって、アメリカ国内には中国への同情論が形成されていく。中国に侵攻している日本は、ゆるしがたい国と悪玉視されるようになった。そこから先、アメリカの対日経済制裁がはじまる。対日経済制裁が長引くなら、日本は資源不足に陥り、対中戦争の継続もむずかしくなる。窮した日本はアメリカに対して、ハワイの真珠湾奇襲攻撃を仕掛ける。こうして日米戦争がはじまる。

真珠湾奇襲は、日本の予測を超えてアメリカ国内を憤激させ、以後、アメリカは積極的に対日戦争に向かった。各地で惨敗を喫した日本は、降伏するよりなかった。

日中戦にあって、蒋介石の中国軍は日本軍に負けっぱなしに近かった。それでも中国は戦勝国となったばかりか、第二次大戦を通じて国際的な地位を急激に上昇させていた。アメリカのローズヴェルト大統領が「国際連合」を構想し、中国をその主要メンバーに計算していたからだ。このローズヴェルト構想により、中国には「大国」への道も拓けた。

もともと、国連の発想は、1941年、独ソ戦のさなか、アメリカ、イギリスによる「大西洋憲章」にあったとされる。それが具体化されるのは、1943年のテヘラン会談後だ。テヘラン会談ではアメリカのローズヴェルト大統領、イギリスのチャーチル首相、ソ連の最高実力者スターリンが会し、戦後の世界について話し合った。このとき、ローズヴェルト大統領は、米英ソに加え、中国が「四人の警察官」となって、戦後世界の維持に当たることを提案している。

1945年10月、国連が正式に発足すると、常任理事国が置かれる。常任理事国になったのは、米英ソ、フランスに蒋介石の中国であった。中国は、日本の没落とは対照的に世界の五大国の座を手にしていたのだ。中国は、アジア随一の国に返り咲いたのだ。

「以徳報怨」――なぜ、蒋介石は敗残の日本軍に寛容だったのか？

1945年8月15日、日本ではこの日の正午に昭和天皇がポツダム宣言を受諾するとの玉音放送が流れた。これより早く中国大陸では午前10時から、重慶の放送局より蒋介石の勝利宣言が放送されている。

「われわれの抗戦は、今日、勝利を得た。正義は強権に勝つということの、最後の証明をここに得たのである」。蒋介石はこうして勝ち誇ると同時に、中国大陸の住人に自制をも求めている。それが、以下のくだりだ。

「銘記すべきことは、暴行をもって暴行に報い、侮辱をもって彼らの誤った優越感にこたえようとするならば、憎しみが憎しみに報い合うこととなり、争いは永遠にとどまることがないということである。それはわれわれの仁義の戦いが目指すところでは、けっしてない」

これが、蒋介石の「以徳報怨《いとくほうえん》」演説と呼ばれるものの一部だ。蒋介石は、日本相手に仁義を見せ、さらには中国大陸の日本軍にも報復してはならないと宣言したのだ。

蒋介石のこの演説は、敗残の日本の住人に対してはある種の慰めともなった。さらには、中国への強い贖罪《しょくざい》意識にもつながった。同年9月のアメリカ・トルーマン大統領の戦勝演説では「われわれは真珠湾を忘れない。日本の軍閥の悪業は、けっして回復もしなければ、忘れられることもないだろう」としている。この復讐心に満ちた演説と蒋介石の「以徳報怨」演説は対照的だったから、なおさらだ。

蒋介石の「以徳報怨」演説は、実質を伴っていた。日本降伏ののち、中国大陸にあった日本兵の帰還がはじまったとき、蒋介石は日本兵の帰還にじつに寛容であった。蒋介石側による船舶や列車の提供もあって、中国大陸にあった日本の軍人およそ120万名、民間人90万名の帰還は、およそ10カ月で達せられている。戦後、満洲にあった日本の軍人、民間人がソ連によりシベリアに抑留され、強制労働させられてきたのとは大違いである。

蒋介石はときに日本人に残忍であったともいう。それはともかく、彼が敗残の日本にことさら寛容だったのは、さまざまな理由からだろう。蒋介石には日本留学経験があっただけに、彼の日本敵視が、もともとそう強烈ではなかったこともあろう。

日本兵の帰還に関しては、現実的には協力的になるよりなかった。降伏したとはいえ、強力な日本兵が数多く中国大陸に残ったままでは、あとあとの災厄になる。だから、早くに送り返したかったのではないか。さらにいうなら、毛沢東の共産党に日本兵士を徴収されたくなかったからでもあろう。

それ以上に、蒋介石一流のマキャヴェリズムが働いたからでもあろう。１９４５年８月の時点で、蒋介石が見越していたのは、毛沢東の共産党との戦いである。蒋介石は、毛沢東との決戦にあたって、日本を味方に引き込みたかった。そのため、日本にはできうるかぎりの恩を売っておいたほうがよいと計算したのではないか。

ただ、このの ち起きる共産党との国共内戦の多くの局面では、蒋介石の計算は外れ、日本の正式な協力は得られなかった。すでに、アメリカが日本を統治していたから、日本に何かができようはずもない。それでも、日本人には蒋介石の「以徳報怨」の言葉は残った。これが、蒋介石の台湾と日本を結ぶ一本の糸にもなっている。

第3章

日本の高度成長期、せめぎ合う毛沢東の中国と蒋介石の台湾

蒋介石が台湾を獲得できた舞台ウラ

第二次大戦における日本の敗戦は、台湾の命運をも大きく変えている。日本は朝鮮半島とともに台湾を放棄させられ、台湾は中華民国の領土となった。

蒋介石の中華民国が台湾を獲得できたのは、カイロ会談の成果によろう。1943年、第二次大戦の帰趨が見えてきたなか、エジプトのカイロでアメリカのローズヴェルト大統領とイギリスのチャーチル首相が会談を行っている。彼らは戦後世界をどうするかを話し合い、この席に中国代表として蒋介石が招かれている。このカイロ会談でも宋美齢の働きかけがあり、中国を利したようだ。おかげで、台湾は中国に返還されると決まったのだ。

また、カイロ会談では、蒋介石は日本について重要な発言をしている。カイロ会談のあった1943年当時、戦後処理にあたって、日本の天皇をどう処遇するかが一つの問題になっていた。アメリカやイギリスは天皇の廃絶、さらには処刑すらも視野に入れていたのだが、蒋介石は異なる意見を述べている。

「日本の国体をどうするかは、戦争が終わったあと、日本人自身が決定するのが最善である。一時の戦争によって、他国の国体問題まで干渉することは、両民族の将来の関係に永遠の錯誤を残すことになるだろう」

蒋介石は天皇の処遇については日本人自身で決めることとし、英米の強硬論をたしなめている。アメリカ側はこれを多少は受け入れたようで、その後の日本に降伏を求めるポツダム宣言では、天皇に関しては触れていない。おかげで、日本は降伏しやすかった。

もちろん、蒋介石は日本に対する温情で発言したわけではなく、戦後の東アジア、さらには毛沢東との国共内戦を見据えてのことである。日本において天皇に対する思いが強固であることは、蒋介石も知っている。だからこそ、天皇を守るような発言をして、その後の日本が蒋介石側に靡《なび》くことを計算していたともいえる。

蒋介石の国民政府は、じつは台湾で歓迎されなかった

1945年8月の日本降伏後、蒋介石の中国政府は台湾統治のために国民党の官吏《かんり》や兵士を台湾に送り込んだ。以後、大陸から渡ってきた者らは台湾では「外省人」と呼ばれるようになった。それまで台湾にあった住人らは、「本省人（内省人）」と呼称された。

台湾の戦後史は、この外省人と本省人との対立史でもある。外省人が台湾に到着するとすぐに、外省人と本省人の対立がはじまり、その対立は急速に深まっていったのだ。

当初、台湾では外省人の到着を歓迎もしていたという。台湾の住人には、祖国への復帰を喜ぶ者もいたからだ。けれども、外省人の兵士や官吏の姿を見たとたん、本省人らは失望する。彼らの姿格好は薄汚れていたし、兵士には規律がなかった。官吏は平気で汚職にはしった。それは、文明とは遠いレベルにあり、日本時代に近代化を知っていた本省人らは、新たな統治者たちに失望した。

一方、すでに述べたように、大陸からやって来た外省人らは、台湾を「色眼鏡」で見ていた。彼らは、日本による台湾の近代化を知らないままであった。そればかりか、中国大陸を戦場にした日本を憎んでいたから、その日本に統治されていた台湾の住人とまともに向き合おうとはしなかった。日本に奴隷化された二級市民のように見てもいた。

台湾にあって本省人と外省人は理解し合うことなく、虐《しいた》げられる本省人の鬱憤は増大するばかりとなる。その鬱憤の爆発が、1947年の「二・二八事件」となる。

とある外省人官吏の暴行事件をきっかけに、台湾の本省人が国民政府（国府）への怒りをあらわにし、外省人の非道を訴え、2月28日、台湾内に一大騒乱を生み出した。

当初、台湾の統治者側は騒擾を抑えることができなかったが、アメリカ製の武器を持った兵士たちが大陸から送り込まれていくと、騒乱は鎮圧されていく。その犠牲者は、1万8000人とも2万8000人ともいわれる。

以後、台湾では暴力による恐怖政治が敷かれる。国府の台湾は、「白色テロ（フランス革命時を起源とする、政権が反体制派を強権的手段で弾圧すること）」国家となって反体制派を弾圧した。医師、弁護士、議員、マスコミ関係者ら本省人の知識人は、とくに「白色テロ」の対象となった。彼らは近代化を理解しているため、政府批判の先鋒になりやすいからだ。

台湾では、1949年から戒厳令《かいげんれい》が敷かれている。戒厳令下、集会、結社、デモ、ストライキは禁止となる。戒厳令は38年間もつづき、世界一の長さとなっている。長い戒厳令と「白色テロ」の横行によって、本省人は弾圧の前に沈黙するよりなく不満は鬱積した。台湾では長く、支配者である外省人と本省人の無言の冷たい対立がつづく。

国共内戦――台湾が毛沢東軍の侵攻を免れた陰に日本人の存在

中国大陸では、1946年からまたも内戦に突入する。蒋介石の国民政府と毛沢東の共産党がともに共存をよしとせず、中国での覇権を決しようとした。

勝利したのは、毛沢東の共産党勢力である。日中戦争の間、すでに述べたように共産党は日本軍と戦うことなく、戦力を回復・充実させていた。一方、日本軍との戦いを強いられた蒋介石の国府軍は完全に疲弊していたから、勝敗は明らかだった。

1949年、勝者となった共産党の領袖《りょうしゅう》・毛沢東は、北京にあって中華人民共和国の建国を宣言する。国府は共産党軍（紅軍《こうぐん》）に駆逐され、中国大陸に居場所がなくなった。最後の頼みとなったのが、大陸とは離れた場にある台湾だった。蒋介石の国府は台湾に本拠を移し、毛沢東の共産党中国に対抗する。

蒋介石にとって、当初、台湾は大陸反抗のための拠点であった。蒋介石は毛沢東に敗れたとはいえ、いつかは大陸に攻め入り、毛沢東の共産党を駆逐し、自らが中華の覇者となるつもりであった。台湾は、蒋介石にとって最後の頼みであり、砦《とりで》でもあったのだ。

一方、大陸を制した毛沢東の共産党政権は、蒋介石の息の根を止めるつもりであった。台湾までも併呑すれば、中国の統一は完成するのだ。

ただ、大陸で圧勝した毛沢東の紅軍だが、一気呵成に台湾を攻めとれなかった。1949年当時、蒋介石の国民党はアメリカにも半ば見捨てられつつあった。国府の兵士の規律は乱れ、戦意は低かった。勝利の勢いに任せて、毛沢東の共産党軍が台湾に上陸するなら、台湾は容易に制圧できただろうが、そうはならなかった。

というのも、金門島内の古寧頭《こねいとう》の戦いで共産党軍が惨敗を喫したからだ。厦門《アモイ》の沖に浮かぶ小さな島・金門島を奪ってしまえば、中国大陸沿岸に国府軍の拠点は消えたも同然だ。あとは、澎湖諸島、台湾へと攻め入ればいい（21ページ地図2参照）。連戦連勝の勢いに任せ、共産党は大軍を金門島に上陸させた。だが、国府軍の巧みな誘導戦術に陥ったすえ、古寧頭で強烈な反撃に遭い、多くの兵を失ってしまった。この敗北により、紅軍の進撃は止まった。

この古寧頭の戦いにはウラがあり、国府軍には旧日本軍の将校クラスが参加していた。旧日本軍の将校たちは、巧みな戦術によって、共産党軍を打ち破ってみせたのだ。

国府軍に旧日本軍の将校たちが味方したのは、蒋介石に恩を感じたからだ。日本降伏ののち、中国大陸での処遇、日本帰還に至るまで、蒋介石の協力に感じ入った軍人もいれば、カイロ会談で天皇を守ったことに感激した者もいた。蒋介石は「以徳報怨」という言葉も残していたから、旧日本軍の将校たちは蒋介石に報いるために自主的に台湾に駆けつけ、蒋介石への協力を申し出たのだ。

もちろん、当時の日本にあって、日本の元軍人が台湾の蒋介石に協力することはゆるされない。旧日本軍の将校たちは台湾に密航し、アメリカの監視を逃れていた。

蒋介石のもとに駆けつけた将校たちは、やがて「白団《ぱいだん》」と呼ばれるようになる。リーダー格となった元日本陸軍少将・富田直亮《なおすけ》が、「白鴻亮《パイフォンリャン》」という中国名を名乗ったところに「白団」の名は由来する。

白団は、1949年、完全に追い詰められた蒋介石にとって、一つの救いであった。白団が国府軍に加わり、兵士たちに軍事教育を施したことより規律が戻り、士気も高まった。彼らによって精鋭部隊までつくりあげられたから、蒋介石の軍団は建て直された。さらに旧日本軍の将校たちのすぐれた戦術指導があったから、古寧頭の戦いに勝利できたのだ。

蒋介石は、日中戦のさなかから、将来、いかに日本を利用するかの布石を打ってきた。その布石が、土壇場で蒋介石を救ったのである。

じつはよく似ていた、蒋介石の台湾と毛沢東の中国

１９４９年に中華人民共和国が成立してのち、中華人民共和国と台湾（中華民国）は、およそ半世紀にわたり、対立してきた。それは、両国の体制がまったく異なっていたからではない。むしろ、両国はひじょうによく似ていた。よく似ていたからこそ、接収もしやすく、それが対立になっていたともいえる。

１９４０年代末から１９９０年代前後まで、毛沢東を始祖とする中国も、蒋介石を祖とする台湾も、事実上の一党独裁、恐怖政治国家であった。台湾に関してはいまでこそ民主政治が根づいているのだが、１９５０年代から１９７０年代までは違った。蒋介石の国府による「白色テロ」が横行し、住人は恐怖に支配されていた。

このあたりは、毛沢東の中国も同じである。中国共産党政権も、たびたび住人を弾圧、恐怖によってコントロールしようとしてきた。

中国と台湾が一党独裁の恐怖政治国家として出発したのは、ともにソ連をモデルとしたからだ。ロシア革命によって生まれたソ連の特色は、共産党による一党独裁国家であると

ころだった。共産党は、国家の上にあり、軍をも支配する。中国も台湾も、このソ連方式を踏襲しているのだ。

もともと中国共産党の場合、ソ連の指導と支援のもとに生まれ、組織されているから、そうなるのは当然だろう。蒋介石の国民党の場合、その祖である孫文は三民主義（民族主義・民生主義・民権主義）を掲げていたことで知られる。にもかかわらず、孫文の晩年から蒋介石の時代に、一党独裁型となったのは、ソ連への接近によってである。

孫文は中華民国の初代総統に就きながらも、すぐに軍閥のボスである袁世凱にその地位を奪われてしまった。その後、失意の孫文が注目したのは、1917年から進展したロシア革命である。現実はともかく、当時、ロシア革命はこのうえなく理想的な革命視もされてきた。孫文はソ連に接近し、ソ連の支援を求めはじめた。

孫文の後継者となる蒋介石は、ソ連に視察留学もしている。彼は、ソ連にあって赤軍の軍事指導者であるトロツキーからソ連式の組織づくりを学びもしている。

さらに蒋介石の息子・蒋経国《けいこく》ともなると、まだ少年時代の1925年から1937年までの長期にわたって、ソ連に留学している。蒋経国は、この時代に筋金入りの共産主義者となっていたと思われる。スターリン時代の恐怖支配を肌身で感じてもきた。1950年代から数十年にわたり、台湾で「白色テロ」の恐怖政治が吹き荒れたのは、蒋経国がソ連仕込みの統制を持ち込んだからでもあろう。

このように、毛沢東の中国も蒋介石の台湾も、ともにソ連をモデルとした一党独裁型国家として出発している。毛沢東の中国共産党と蒋介石の台湾は双生児、あるいは兄弟のようなもので、本質的な部分ではつながっていた。だから、互いの吸収はしやすいという見立てがあり、毛沢東の中国は台湾に侵攻したがった。蒋介石は、大陸への反転攻撃を夢想しつづけていた。

中国と台湾の現代史は、中国と台湾がいかに別の国になっていくかの歴史でもあろう。後述するように、中国も台湾も1980年代から1990年代にかけて、政治変革を体験する。より大きく変貌したのが台湾であり、以後、中国と台湾は別の国に向かい、それは中国の焦燥にもつながっているのだ。

朝鮮戦争でアメリカが台湾を守る気になった真相

第二次大戦から5年後の1950年は、台湾と中国の分離が決定的になった年でもある。

この時点で、中台の優劣は明らかだった。アメリカの存在がなければ、毛沢東の中国は、台湾を接収しただろう。毛沢東も、その気だった。

たしかに、台湾の国府軍には旧日本陸軍将校らからなる白団の協力と指導があった。けれども、中国共産党軍が台湾に上陸するとなれば、圧倒的な数の力で押してくるだろう。1950年に始まった朝鮮戦争にあっても、アメリカ軍を押し返すほどの数の力があるのだから、いかに白団が協力しようとも、台湾の陥落は必至だった。

1950年初頭、その日は明日にも近づいていた。アメリカが、一時的ながら、台湾を見捨てると宣言したからだ。1950年1月、アメリカのアチソン国務長官の声明では、台湾をアメリカの防衛ラインから外すとしたのだ。

そこには、アメリカの正義感が働いていた。当時、アメリカは日本を統治し、さらには韓国と台湾の後ろ楯だった。けれども、台湾と韓国に関しては、アメリカは御しかねていた。台湾、韓国の双方で起きていたのは、独裁者による圧政と「白色テロ」である。アメリカの求める民主主義にはほど遠い腐敗があり、アメリカは手を引きたかった。

加えて、アメリカは東アジアに無理解であった。日米戦に勝利したのち、アメリカは占領した日本を一つの拠点として東アジアを見るようになったが、東アジアの歴史、地政学を理解していたわけではない。アメリカには、台湾、朝鮮半島の地政学的な地位が理解できなかった。ゆえに、民主主義の根づきそうにない台湾、朝鮮半島をアチソン声明によって、切り捨てようとしたのだ。

このアチソン声明が、中国の毛沢東、北朝鮮の金日成《キムイルソン》という野心的な独裁者に決意をさせた。毛沢東は台湾を、金日成は韓国を接収したい。そのチャンスが生まれたのだ。

毛沢東も金日成も、ともに動く。当時、共産主義陣営の領袖であったソ連のスターリンに、台湾、韓国の接収についての支援を求めた。とくに、毛沢東の中国は、台湾侵攻のための艦船を必要としていた。

このとき、スターリンは毛沢東に対して嫌がらせに近い判断を下す。スターリンは、毛沢東よりも金日成の意向を重視し、北朝鮮による韓国接収を優先したのだ。これが、1950年からの朝鮮戦争となる。おそらく、スターリンは、下剋上を平然とやってのける毛沢東を嫌いだったからだろう。

もともと中国共産党の指導者には、ソ連への留学経験のあるエリートが多かった。彼らはソ連に従順であったが、毛沢東にはソ連留学の経験もなく、ソ連にリスペクトがなかったといっていい。彼は、ソ連に従順な共産党指導者たちを排除して、党内で実権を握ってきた。そうした経緯から、スターリンは毛沢東に不信と不満を抱いていた。

仰天し、うろたえたのは、アメリカだ。北朝鮮軍の圧倒的な侵攻によって、韓国が消滅しそうになったとき、アメリカは東アジアの現実と共産主義の脅威を知る。アメリカが放置するなら、台湾も朝鮮半島も共産化し、東アジアで日本列島は孤立する。共産陣営の攻勢によって日本までも共産化したなら、アメリカは東アジアから放逐される。これでは、多大な犠牲を払って日本を下した意味も失せる。一転、アメリカは、共産主義の脅威から台湾と韓国を守らねばならないと決意したのだ。

そこから先、アメリカは東アジアに自らの力を示そうとした。それが、朝鮮戦争への本格介入であり、北朝鮮軍に逆襲、北朝鮮軍を潰走《かいそう》させる。一方、アメリカを中心とする国連軍が北朝鮮と中国の国境に迫ろうとしたとき、中国の毛沢東も決断を余儀なくされた。毛沢東は、アメリカの勢力圏となった朝鮮半島と国境を接したくない。毛沢東は、北朝鮮を救うべく、北朝鮮へ大規模な紅軍を派遣する。これにより、国連軍を押し戻し、朝鮮半島での戦いは膠着《こうちゃく》してしまった。

朝鮮戦争の大規模化、長期化は、毛沢東の戦略を突き崩すものであった。毛沢東の中国が朝鮮戦争の一大プレイヤーであるかぎり、台湾に手を突っ込む余力はない。しかも、アメリカは東アジアに空母部隊を大規模投入したから、毛沢東が台湾を攻め込む隙はなかった。台湾はぎりぎりのところで、独立を保てたのだ。

国共内戦に敗れてもなお、台湾は国連の五大国の一員だった

１９４９年、「中華民国」を名乗っていた蒋介石の政府は、毛沢東の中国に敗れ、台湾に亡命政権を築く。この瞬間、両者の優劣は明らかだったのだが、国際的な地位が高かったのは、敗者である蒋介石の台湾「中華民国」であった。

というのも、毛沢東の樹立した「中華人民共和国」をアメリカをはじめ西側の多くの国が認めなかったからだ。このころ、スターリン率いるソ連は東欧諸国を共産主義化し、自国の衛星国ともしていた。アメリカはソ連をボスとする共産主義勢力に警戒を隠さないようになり、新たに成立した毛沢東の中国を承認するわけにはいかなかった。イギリスを除いて、西側の多くの国はアメリカに追随し、毛沢東の中国を認めなかった。

毛沢東の中国を認めたのは、ソ連をはじめとする社会主義諸国に集中していた。毛沢東の中国は巨大な版図を有していても、いまでいうところの「未承認国家」に近かった。

蒋介石の中華民国はといえば、毛沢東の中国に敗れてもなお、中国代表として国連の一員であった。毛沢東の中国は、国連には加われなかった。しかも、蒋介石の台湾は国連の常任理事国の地位にあり、米英ソ仏と並ぶ、五大国の座にあったのだ。

ただ、現実には小さな島国にすぎない台湾が、「中国」の代表を名乗り、国連でも重要なプレイヤーであること自体、無理があった。その無理による歪みは、1950年代、1960年代を通して無視できぬものとなり、1970年代に火を噴くことになる。

日華平和条約——なぜ日本は、中国ではなく台湾を選んだのか?

中国と台湾が対立していく1950年代、あらためて台湾の支援者となったのが日本である。1952年には、日本は台湾との間で「日華平和条約(日本と中華民国との間の平和条約)」を結んでいる。日本は、「中国を代表する政府」として、北京の共産党政権ではなく、台湾の蒋介石政権を選んだのだ。

ただ、そこには日本の意志は乏しかった。当時の日本政府は、蒋介石の台湾政府ではなく、毛沢東の北京政府を中国と認め、国交を結ぶつもりであった。日本軍が戦ってきたのは、台湾ではなく、中国大陸である。日本は、戦場となった中国大陸の政府に対して、戦後賠償を支払うことで、罪を償いたかった。戦後賠償までを見据えるなら、中国大陸を実際に統治している毛沢東の北京政府との国交を優先したかったようだ。その意志は反映されず、日本は台湾を「中国」と認めるよりなかった。アメリカの意志が働いたからだ。

アメリカは、朝鮮戦争を体験したことで、東アジアの戦略を決定していた。毛沢東率いる北京の中国政府を敵視し、中国から蒋介石の台湾を守りたかった。ゆえに、アメリカに隷属《れいぞく》も同然の日本に日華平和条約を求めたのだ。

日華平和条約は、前年のサンフランシスコ平和条約とセットになっている。サンフランシスコ講和会議と条約によって、日本は国際社会への復帰を果たす。このとき、日本が日華平和条約を拒否するなら、サンフランシスコ講和条約も成立しないとアメリカに凄まれもしたから、日本に選択の余地はなかった。

日華平和条約によって、１９５２年以降、およそ20年の日本の立ち位置が決まっている。日本はアメリカとともに、力量に乏しい台湾の支援国になったといっていい。台湾は、日米から支えられ、毛沢東の中国に対抗して、独立を維持できた。アメリカからの金銭的な援助、日本のビジネス面での支援は、台湾の経済的な自立を促してもいた。

また、日華平和条約締結にあって、蒋介石は日本からの戦後賠償を放棄している。蒋介石は、毛沢東の中国に対抗するために日本を引き寄せておきたかったからだろう。

中国大陸にほど近い金門島を死守してきた台湾

1950年にはじまった朝鮮戦争は、中国を朝鮮半島に釘づけにし、戦争の間、台湾は中国の圧力から逃れることができた。けれども、1953年に朝鮮戦争が休戦となると、朝鮮半島から解放された毛沢東は、ふたたび台湾に目を向けるようになる。

この時代、東アジア、東南アジア方面では共産主義勢力に追い風も吹いていた。1954年には、インドシナ半島で、ソ連、中国の支援を受けたホーチミンの北ベトナムが支配者だったフランスを駆逐しようとしていた。そうしたなか、台湾がどうなるかが東アジアの焦点となっていたのだ。

アメリカは、東アジアにおける共産主義勢力の拡張を恐れ、台湾の「不沈空母」化を図っていた。それが、1954年の「米華相互防衛条約」ともなっている。アメリカは、台湾の防衛を一層強化しようとしてきた。

一方、毛沢東の中国は台湾に対して、一大攻勢を仕掛けていく。最大の狙いは、厦門のすぐ沖に位置する金門島である。

金門島では、毛沢東の中国は１９４９年の古寧頭の戦いで煮え湯を呑まされている。ゆえに、金門島は是が非でも奪いたかった。中国軍は、１９５４年から金門島への大砲撃をはじめている。

中国が台湾本島ではなく、金門島の切り取りに出たのは、一つにはこの時点で台湾侵攻は不可能に近かったからだ。アメリカが台湾を見捨てたも同然の１９５０年6月までなら、台湾への直接大規模侵攻も可能だった。けれども、朝鮮戦争の勃発以後、アメリカは台湾を守ると決意を固めていた。中国軍が台湾に侵攻しようにも、その途中、数多くの兵士を乗せた船団はアメリカ第7艦隊の前にたやすく沈められてしまう。

ならば、毛沢東の中国は台湾の領土を少しずつ削っていくしかないという、得意の「サラミ戦術」に出た。そして、最初のサラミの一片を金門島としたかったのだ。

けれども、台湾軍にも備えがあり、金門島が奪われることはなかった。毛沢東の中国が金門島で苦戦するほど、台湾はその存在感を高めていたといっていい。金門島は、いまなお台湾が実効支配している。

蒋介石の台湾の経済建設に対抗した毛沢東の大躍進運動

1954年にはじまった中国軍による金門島砲撃は、1968年までおよそ14年間もつづく。断続的なものであったが、いつしか砲撃の真の目的は変質していったようだ。

1954年の砲撃開始当初、毛沢東の中国は「サラミ戦術」として金門島の奪取を考えていたかもしれない。けれども、金門島を奪えないままのうちに、金門島砲撃は、実際の占領・奪取よりも、内外への喧伝《けんでん》を目的としはじめているのだ。

とくに1958年からの砲撃は、中国国内へ向けたものともいえる。同年、中国国内では毛沢東が「大躍進」を発動させる。「大躍進運動」は、農村において人民公社を組織し、農民は人民公社を単位に働き、生活していくこととなった。みなが平等に暮らすユートピアを目指し、伝統的な中国の農村家庭を破壊していった。

もちろん、人民公社を機軸とする大躍進運動には潜在的な抵抗も多い。そこで、毛沢東は国内に高揚と緊張を生みだし、農民を昂《たかぶ》らせ、大躍進運動を推し進めようとした。

金門島は、厦門のすぐ沖に浮かんでいる。いったん金門島への砲撃を大々的にはじめるなら、その砲撃音は厦門周辺では爆音となる。厦門周辺で起きる高揚と緊張は、中国全土に伝わり、この高揚と緊張によって大躍進運動を一気呵成に推し進めようとしたのだ。

毛沢東の中国は、しばしば国外の敵を非難、攻撃する。その真の意図は、えてして国外よりも国内に向けられている。国内の潜在的な敵を倒すため、あるいは国内から支持を強く受けるがため、国外の敵を激しく非難、攻撃している面があるのだ。金門島砲撃も、いつしかそうした方向に変質していったように思われる。

さらに、金門島への激しい砲撃を加えるなら、毛沢東の中国がつねに戦意を持っていること、台湾接収を諦めていないことを世界に喧伝できる。毛沢東の中国が、世界のプレイヤーとして耳目を集めるなら、毛沢東の共産主義のよい宣伝にもなろう。

一方、毛沢東の大躍進運動だが、その間に凶作が重なったこともあり、多くの死者を出す大失敗に終わる。責任を取って、毛沢東はいったんは国家主席の座から退いている。

今日の視点から評判の悪い大躍進運動だが、その最大の狙いは、原子力爆弾の開発にあったとされる。毛沢東は農村から得たカネを原爆開発に回したのだ。１９６４年、中国は原爆を完成させている。

もう一つ、毛沢東が大躍進運動に突っ走ったのは、蒋介石の台湾に対抗するためでもあろう。すでに述べたように、毛沢東の中国でも蒋介石の台湾でも恐怖政治がまかり通っていた。そうしたなか、台湾は、1950年代に経済建設に乗り出した。毛沢東の中国がイデオロギー政治に向かいがちなのに対して、台湾は現実的であった。台湾の経済建設は農地改革からはじまり、農産品が輸出品となった。その農業での稼ぎを元手に、台湾では紡績を中心とした工業化が進み、経済成長がはじまっていた。

台湾の経済成長は、毛沢東にはまばゆく映り、焦りにもなった。毛沢東と蒋介石は、ライバルである。毛沢東は蒋介石相手に戦争で勝利したものの、国内経営では先を行かれようとしている。毛沢東も負けるわけにはいかず、大躍進運動を推進したのだ。ただ、それはあまりにもユートピアなものだったのだ。

文化大革命時の中国が、美しく見えた理由

1960年代の日本、中国、台湾を見ていくと、世界から輝いて見えたのは日本と中国だ。日本は高度成長をつづけ、経済大国化しつつあった。中国は、毛沢東のもと「美しい国」に見えた。一方、台湾は「暗黒の国」のように見られていた。

ただ、中国と台湾に関しては、イメージと実態に乖離《かいり》がある。そのことに触れるまえに、まずは日本について簡単にまとめていくと、日本は経済成長を選択し、これに向かって突進していた。

１９５０年代、日本の政治は揺れ動き、１９６０年には安保闘争となる。この年、岸信《のぶ》介《すけ》内閣による日米安保改定を阻止するため、連日、国会前で大規模デモがつづいた。岸信介の目指す日米安保改定とは、より平等な日米安保条約を狙ったものだが、国内ではアメリカへの反発、戦争への嫌悪から、猛烈な反対運動が吹き荒れた。そのデモの激しさから、予定されていたアメリカのアイゼンハウアー大統領の訪日は中止となった。国会は、空転状態となっていた。

そうしたなか、岸政権は日米新安保条約を成立させる。代償として、岸信介は首相を辞任。これにより、日本における政治の季節は終わりを告げた。

代わった池田勇人《はやと》首相は「所得倍増計画」を掲げ、軍事・安全保障を横に置き、ひたすら経済成長を目指した。１９６４年、日本はＯＥＣＤに加盟、先進国の仲間入りをするとともに、東京オリンピックを開催している。１９６８年には、西ドイツを抜いて世界第二位のＧＮＰを誇るようになっていた。

一方、中国では、大躍進運動の失敗によって第一線を退いていた毛沢東が奪権闘争を開始。これが、1966年からの文化大革命となる。毛沢東は血気さかんな若者たちを煽動し、彼らを紅衛兵に仕立て上げ、過激な破壊活動にはしらせた。「造反有理《ぞうはんゆうり》（反逆には道理がある）」の掛け声のもと、紅衛兵にはすべての暴力、狼藉《ろうぜき》がゆるされた。紅衛兵は学校の教師を吊るし上げ、侮辱し、その際限のない暴力は共産党幹部にも向けられる。

文化大革命の最大の狙いの一つは、国家主席・劉少奇《りゅうしょうき》の打倒である。紅衛兵たちは劉少奇をも吊るし上げ、暴力をふるい、辱める。劉少奇は汚れた存在と化し、権力を失ったすえに無残な死を遂げる。

毛沢東が文化大革命を着想したのは、一つには隣国・日本での安保闘争を見ていたからだろう。1960年の安保闘争は、若者の多くを動員し、国家議事堂を囲ませた。その熱気は、明日にでも日本で革命が起きそうにも映った。安保闘争は挫折したとはいえ、アイゼンハウアー大統領の来日を中止させ、岸政権を退陣にも追い込んでいた。

これを見た毛沢東は、自分ならもっとうまくやれると思ったのではないか。もともと毛沢東は煽動の名手であり、安保闘争を参考にさらに過激化な煽動をはじめていたのだ。

毛沢東は実権を奪い返し笑いが止まらなかったが、いつしか文化大革命は彼の想定を超えて過激化していく。国内では労働者や軍人同士が対立し、誰も対立を収拾しえなくなる。大衆が闘争に明け暮れてしまったため、生産の現場は放棄され、中国経済はマイナス成長にも陥っていた。1960年代、日本は政治の季節に終止符を打ち、経済政策に集中していたが、中国では際限のない権力闘争のグロテスクな暴風が吹き荒れていた。

これが文化大革命の「暗黒」の実態だが、当時、世界は文化大革命の真相をつかめずにいた。中国にはひと握りのゆるされたマスコミ人しか入国できず、彼らは文化大革命を称《しょう》揚《よう》してみせたから、中国では理想的な革命が進行しているとさえ思われた。

さらに当時、世界では、資本主義に反発・失望した者らは毛沢東にこそ希望を見ようとしていた。「毛沢東主義者（マオイスト）」が、世界各地に生まれてもいた。ソ連のスターリンが悪の独裁者という本質をバラされてしまっていたから、代わって若者は毛沢東に希望を見ようとしたのだ。日本にあっても、毛沢東や周恩来を聖人君子のように語るインテリがあった。

1960年代、中国のイメージと実態は乖離していた。

なぜ、1960年代の台湾は暗黒のイメージだったのか？

1960年代の台湾は「暗黒」のイメージであり、実際、白色テロが横行している点では「暗黒」であった。けれども、この時代でも、台湾の経済は成長をつづけていた。1950年代、台湾は農業輸出によって経済成長を遂げていたが、1960年代になると工業の輸出力が高まった。台湾は、輸出主導で経済を成長させていたのだ。

1960年代の台湾には、「加工貿易立国」で経済成長を遂げていた日本というモデルがあった。台湾企業は積極的に日本と結びつき、日本を輸出先としたばかりか、日本企業の台湾投資を呼び込んでいる。台湾は確実に豊かになり、住人は豊かさを少しずつながら享受できるようになっていた。

にもかかわらず、台湾の国際的なイメージは悪化していた。それは、ひとえに当時の台湾が蒋介石の独裁国家であり、独裁国家の負のイメージが国外で流されていたからだ。

一党独裁による言論弾圧の典型は、『自由中国』を巡る事件である。『自由中国』は、1950年代に創刊された雑誌だ。当初、発行人となったのは、開明的な思想家で知られる胡適《こてき》（元北京大学学長）である。その後、実質的な発行人は外省人の雷振《らいしん》に移る。雷振は日本の京都帝国大学を卒業、とくに憲法に通暁《つうぎょう》していた。彼は蒋介石に近い位置にあったから、『自由中国』の発行が認められていた。

ところが、蒋介石が１９６０年に総統の三選を果たそうとしたとき、蒋介石と雷振の『自由中国』は対立をはじめる。当時の憲法規定では再任は一回かぎりとなっていて、再々任はゆるされない。蒋介石がこれを破ろうとしたから、『自由中国』は反蒋介石の論陣を張った。さらには言論の自由をうたい、「中国民主党」の結成に動こうとした。

当時、台湾は一党独裁国家である。独裁者に対する反論も、政党の結成もあってはならないものである。台湾当局は雷振にでっちあげの罪を着せて逮捕・投獄、『自由中国』を廃刊に追いやった。

『自由中国』事件以外にも、１９６０年代の台湾では民主主義や自由を求める者への弾圧がつづいた。ただ、台湾とアメリカや日本には人の往来があったから、台湾で居づらくなった者らは台湾国外に出ることができた。彼らは、アメリカや日本で活動し、台湾政府の非道を非難し、台湾の独立や民主化を訴えている。そうした声がアメリカや日本に届くほど、台湾は「暗黒の国」というイメージになったのだ。

1960年代、中国も台湾も似たような一党独裁の「暗黒」国家だった。にもかかわらず、世界の目は、中国に好意的であり、台湾に冷淡であった。そうしたイメージの差が、1970年代に、国際社会における台湾に対する中国の勝利につながる。

第4章

経済大国・日本の時代、模索する中国、孤立していく台湾

台湾の庇護者であるアメリカが、対中重視に舵を切りだす

1970年代を迎えるまで、台湾は国際的な地位で中国の上にあった。台湾は国連に加盟しているのみならず、国連の安全保障理事会（安保理）の常任理事国であった。アメリカや日本など西側諸国とも、国交があった。一方、中国はといえば、国連に加盟できず、アメリカや日本から「国」として認めてもらっていなかった。

けれども、1971年から1972年にかけて、中国と台湾の地位は大逆転してしまう。まずは、アメリカと中国の急接近からはじまる。1971年7月、アメリカのキッシンジャー補佐官が秘密裏に訪中。キッシンジャーは中国の周恩来首相と会見ののち、ニクソン大統領訪中の予定を全世界に発表してみせた。これに世界は驚愕するが、なにより衝撃を受けたのは台湾と日本だろう。

台湾からすれば、アメリカは最大のパートナーであり、最強の保護者でもあった。アメリカが背後にいるからこそ、蔣介石の台湾は毛沢東の中国に対抗しえた。その台湾の保護者であるはずのアメリカが、台湾の敵・中国と結びつこうとしたのだから、台湾は自らの

基盤が揺らいでいることを思い知らされずにはいられなかった。

日本はといえば、対中国外交については、アメリカに釘を刺されていた。たしかに中国相手にはこそこそと貿易をしていたが、日本はそれ以上の対中接近ができないでいた。そうしたなか、日本の頭を押さえていたアメリカが、日本の頭越しに、日本には何の断りもなく中国に接近したから、日本は驚いた。

アメリカの対中接近は、中国が利用できる国として大きく浮上してきたからだ。当時、アメリカはベトナム戦争で泥沼にはまり、いち早く戦争から抜けだしたかった。そのベトナムを支援しているのが中国である。アメリカは中国と話をつけることで、ベトナム戦争を決着の方向に持っていきたかった。

さらにソ連と冷戦を戦ううえで、アメリカは中国を味方につけたかった。ひところまでソ連と中国は緊密な関係を築いていたが、１９５３年にスターリンが没してのち、ソ連ではスターリン批判が湧き上がってくる。中国がこれをソ連の変節と見なし、論難すると、ソ連は中国に対する支援を停止し、中国に嫌がらせをはじめた。

もともと中国共産党は、ソ連の指導のもとに拡大していった経緯があり、ソ連からすれば中国はジュニア・パートナーでしかなかった。そのジュニア・パートナーが生意気な口をきいたから、ソ連はカチンときたのだ。両国の溝はしだいに深まり、1970年代、対立はあからさまになっていった。アメリカは、敵の敵は味方という論理で、中国に味方を見た。

それは、アメリカの日本と台湾に対する失望の裏返しでもあろう。冷戦下、アメリカはソ連包囲網を築こうとし、東アジアでは日本を重要なパーツと見ていた。けれども、日米戦の敗北に懲りていた日本は、軍事力の充実を拒否し、アメリカの軍事的パートナーとはいえなかった。台湾はといえば、アメリカにとってさほど役に立たない存在になっていた。アメリカは、日本や台湾よりも、役に立つパートナーとして中国を見たのだろう。

台湾の国連追放に反対した日本の選択

1971年、中国、台湾を巡るつづいての衝撃は、台湾の国連追放劇となる。この年の10月、国連総会では、中国の国連復帰、台湾の国民党政府の追放を求めたアルバニア案が提出された。当時、アルバニアは中国の友好国であり、アルバニアをはじめ23カ国の共同提案がアルバニア案となった。

アルバニア案は、賛成76、反対35、棄権17で可決される。この採決よりも早くに台湾は国連からの脱退を宣言し、メンツを守ろうとしたが、追放されたも同然だった。代わって、共産党政府の中国が国連に加入、安保理の常連理事国となる。

台湾が国連から追放され、中国が国連に加わったのは、ある意味、自然のなりゆきだろう。広大な版図を持ち、巨大な人口を有する中国が国連から除外され、小さな島国でしかない台湾が国連にあって重要な地位を占めるのは、あまりに不自然である。その不自然なありようがつづいたのは、ひとえにアメリカが台湾を守ろうとしたからだが、この年、アメリカは中国への接近を隠さなかった。アメリカという重しが取れるなら、中国支持は自然のなりゆきであった。

さらにいえば、中国と台湾のイメージの差が表れた結果でもあろう。すでに述べたように、1950年代、1960年代、中国も台湾も事実上の一党独裁の「暗黒」国家であったが、中国の場合、鎖国同然だったがゆえに、その暗黒の面が世界には伝わらなかった。わからないがゆえに、毛沢東は輝いて見え、中国を希望の星のように考える者もいた。一方、台湾の民主主義弾圧は広く知られていたから、台湾に支持が集まろうはずもない。

また、中国は布石も打っていた。1950年代後半、アフリカで次々と独立国が誕生していくと、中国はアフリカの新興独立国に接近、資金や食糧、技術などを支援している。アフリカ諸国は中国の支持者となり、中国は国連入りの素地をつくっていたのだ。台湾が、ほとんど無為無策であったのと対照的だ。

国連のアルバニア案採決にあたって、日本はというと反対に回っている。日本はアルバニア案の代案として「二重代表決議案」を提出、中国の国連加盟を認めると同時に、台湾の追放を阻止しようとしていた。いまからすれば一つの説得力ある提案なのだが、日本の提案が支持されることはなかった。

日中国交正常化――なぜ毛沢東は田中角栄の訪中を歓迎したのか？

1972年2月、キッシンジャーの予告どおり、アメリカのニクソン大統領が訪中を果たし、毛沢東、周恩来と会談する。つづいて対中外交に動いたのは日本だ。同年9月、日本の田中角栄首相が大平正芳外相（のちに首相）とともに北京へと飛び、「日中国交正常化」、つまりは日中の国交を成立させた。これに即して、「日台断交」となる。日本政府は台湾政府との外交関係を停止し、日華平和条約もここに終わったと宣言した。

日本が台湾を捨てて、中国との国交を選んだのは、戦後日本がもともと中国との国交を望んでいたからでもある。ただ、日本はアメリカと同盟を結び、アメリカに束縛されているため、中国への接近を抑制してきた。けれども、アメリカ大統領が訪中するのなら、日中国交も「あり」となる。

日中国交は、毛沢東からすれば、棚からぼた餅的な願ってもない案件であった。ソ連に対抗するための有力なパートナーを得たからだ。

当時、中国はソ連との間に深刻な対立を抱え、１９６９年には中ソ国境のダマンスキー（珍宝）島で軍事衝突まで起こして、両軍に死者が出ている。毛沢東は、一時はソ連相手の全面戦争さえ覚悟していたほどだ。深刻な中ソ対立にあって、中国は東アジアに強力なパートナーをひそかに求めていた。そこへ、日本が進んで中国に接近してきたのだ。

１９７０年代の日本の現実はともかく、毛沢東の記憶には１９３０年代、１９４０年代の「強い日本」の記憶がある。「強い日本」は毛沢東にとっては悪夢でもあるが、同時に使える駒でもあった。しかも、１９７０年代の日本には経済力と技術力がある。毛沢東は、日本を利用してソ連の行動を抑制したかったのだ。

さらに、中国国内では毛沢東自らが起こした文化大革命による混乱のため、科学技術の立ち遅れが深刻化している。日本の持っている科学技術は、毛沢東の配下である周恩来には魅力であった。

ただ、毛沢東は内心を隠し、日本相手には自らの「位」を示す外交を展開している。北京での首脳会談で田中、大平を相手にしたのは、毛沢東ではなく、ほとんどが周恩来である。田中、大平は周恩来相手に激しく論議し、毛沢東はというと自宅で高見の見物である。三回目の首脳会談が終わったところで、ようやく毛沢東が田中を自らの邸宅に招待し、「周首相との喧嘩はすみましたか」と話しかけている。

毛沢東にすれば、日本のトップである田中のカウンターパートは、不安定なナンバー2の周恩来であって、毛沢東本人ではなかったのだ。毛沢東は、田中と周恩来を議論させることで、田中の格上に立っていたことになる。つまりは、中国が日本の格上であることを暗に誇示していたのだ。

毛沢東は田中との会談では、自らの度量の大きさも見せている。毛沢東は、周囲の反対を抑えて、先の戦争に対する中国の対日請求権を放棄してみせたのだ。それは、毛沢東が日本を引き寄せたかった証でもあれば、ライバル蒋介石を意識してのことでもある。

台湾のトップである蒋介石も日華平和条約締結にあたって、対日請求権を放棄している。

にもかかわらず、中国のトップである毛沢東が対日請求権に拘泥《こうでい》したのでは、毛沢東は蒋介石より度量の小さい小物に映る。毛沢東は、これを嫌ったのだろう。

毛沢東の度量、対日請求権の放棄に感激したのは、大平外相である。こののち、首相にもなる大平は、対中ＯＤＡ（政府開発援助）に尽力している。日本の対中ＯＤＡは、中国にとっては戦後賠償も同然となっていく。

ただし、日本は台湾とは断交しながらも、民間での交流までも断絶させることはなかった。日台の貿易や日本企業の台湾への投資はつづき、台湾を捨てたわけではなかった。

孤立した台湾で国府の主要ポストに本省人の登用がはじまった

１９７１年のキッシンジャー極秘訪中からあらわになりはじめた台湾の孤立は、１９７２年の日台断交で決定的になった。台湾はアメリカとはまだ国交を残しているものの、アメリカと並ぶ友好国を失ってしまった。

ただ、台湾の国際的な孤立は、台湾の新たなる自立を促すことにもつながっている。台湾の国府内で、変化が起きていたのだ。これまで国府の主要ポストのほとんどは、外省人たちが独占してきたが、そこに蒋介石の子・蒋経国はメスを入れた。蒋経国が新たに閣僚を指名したとき、六つのポストに本省人を起用したのだ。

そこには、蒋経国の二つの狙いがあった。まずは実力主義の徹底である。これまで不遇であった本省人でも、実力さえあれば、要職に就けることを示すなら、有能な若者が政府に集ってこよう。

さらに、本省人を登用することで、本省人の気持ちを掴んでいくのも狙いだ。これまで政府に陰で強い反発を抱いてきた本省人たちだが、厚遇されるなら、その反発もしだいに和らいでいく。本省人たちと外省人たちがしだいに結束していくなら、台湾は困難な時代を乗り越えていけるだろうと、蒋経国は見たのだろう。

この蒋経国の新人事によって、のちに総統となる李登輝《りとうき》も抜擢を受け、行政院の政務委員に任じられている。台湾は、自覚することなく李登輝時代の準備をはじめていたのだ。

毛沢東、蒋介石という二人の独裁者の退場

1970年代後半、中国と台湾は、ともに一大転換期を迎えようとする。ともに建国の

独裁者が死去したからだ。１９７５年、台湾では蒋介石が没し、翌１９７６年、中国では毛沢東がこの世を去った。

中国も台湾も、毛沢東、蒋介石という独裁者が健在なゆえに、変わりたくても変われなかったところがある。とくに中国の場合、毛沢東が文化大革命を推し進めた結果、国土は荒廃さえもしていた。そうしたなか、独裁者が消えたから、中国でも台湾でも政治的な変革がはじまる。

中国、台湾で、新時代の主導権を握ったのは、新たな辣腕《らつわん》の政治家である。中国では、鄧小平《とうしょうへい》が毛沢東の後継者とされていた華国鋒《かこくほう》を追い落とし、１９７８年には実権を握った。台湾でも、中継ぎの政権を経たのち、蒋介石の子である蒋経国が、同じ１９７８年に総統の座に就いている。

中国で鄧小平が推し進めたのは、「改革・開放」である。それまでの中国は計画経済を遵守《じゅんしゅ》し、とくに毛沢東は共産主義からの逸脱を嫌った。ゆえに資本主義経済に許容的な鄧小平は毛沢東から一時、排撃されていたが、毛沢東が死去すれば、もう鄧小平を正面から止める者はいない。鄧小平の中国では、毛沢東以来の人民公社を解体し、深圳《しんせん》をはじめとした経済特区を設置、ここに外資企業を誘致した。中国では、社会主義の名のもとに、資本主義を導入し、ダイナミックな経済成長が始動しつつあった。

一方、蒋経国の台湾の場合、中国に先んじて経済開発を進めてきている。蒋経国は経済建設をあらためて進めると同時に、独裁と民主の問題に向き合いはじめている。蒋経国は、かつてのような恐怖政治による引き締めをとろうとはしなかった。そのため、1977年の台湾初の大規模な地方公職者選挙では、国民党に属さない「党外人士《とうがいじんし》」が立候補し、200名に迫る当選者を出している。

蒋経国が総統時代に経験した最大の暴動事件は、1979年の「高雄《たかお》事件」だ。台湾の自由化を目指す雑誌『美麗島』の発行人・黄信介《こうしんかい》が主導した高雄での松明《たいまつ》デモは、保安警察と衝突、逮捕者も出している。これに伴い、『美麗島』も廃刊に追い込まれたが、蒋経国はかつての「二・二八事件」のような大規模流血劇を回避している。

台湾では高雄事件の裁判は公開され、そこに政府の透明性を高めようという努力もあった。被告の弁護士の中には、のちに総統となる陳水扁《ちんすいへん》の姿もあった。蒋経国の意図はともかく、蒋経国の台湾は新しい時代を準備しつつあった。

鄧小平、蒋経国で、特筆すべきことは、ともに強権をふるう一面を持ちながら、住人に期待され、ある程度愛されたという点だ。鄧小平は、希望を見出しにくかった中国の住人に現実的な希望を提示した。鄧小平の時代、働けば本当に豊かになった。

蒋経国は日本ではまったく評価されないどころか、知らない人も多い。けれども、台湾では人気のあった政治家だ。彼は、慇懃《いんぎん》・厳粛な父・蒋介石と違い、フレンドリーであった。ふだんは野球帽をかぶったラフな姿で、自らクルマを運転し、台湾じゅうを回った。田畑に座って農民たちと話したかと思うと、安食堂に平気で飛び込んでいった。

しかも、政治家としては実力重視であり、本省人も分け隔てせずに登用してきた。台湾の住人もこうした蒋経国の人となりを愛しもしていたのだ。

たしかに、蒋経国は特務機関のボスとして台湾の「暗黒」化を進めてきてもいる。ただ、それはソ連仕込みの一面を見せたにすぎず、台湾で経済建設を進めるとなると、民情を直につかんでおきたかったのである。

改革・開放の鄧小平の登場によって迎えた中国の新時代

鄧小平、蒋経国という辣腕政治家の本格的な登場によって新時代を迎えた中国、台湾だが、国際的には中国が台湾を圧倒する時代となっていた。鄧小平自身がスーパースターとして輝き、彼の「改革・開放」政策に世界が魅せられていたからだ。

鄧小平は、とくにアメリカと日本の取り込みに長《た》けていた。彼は、1978年10月、初めて日本を訪問している。鄧小平にとって、日本訪問は衝撃的だったといわれる。彼は初めて西側の資本主義世界を目の当たりにした。それも、西側最高峰の技術力を持つ当時の日本に触れたからだ。

1970年代後半、日本企業は二度の石油危機をさまざまな技術改革によって乗り越え、世界のトップランナーとなっていた。鄧小平は、世界水準の技術を誇る日本企業に感銘した。新幹線にも乗り、その速さを実感もし、考えをアップデートしていったようだ。

また、当時は日本は福田赳夫《たけお》内閣であったが、実力者として日中国交正常化時の外相だった大平正芳もいた。大平は鄧小平と昵懇《じっこん》になり、資本主義についてアドバイスもしていたという。もともと鄧小平は資本主義に許容的であったが、さらに大胆に変貌しようとし、「改革・開放」路線が明確となる。

その一方で、鄧小平はしたたかでもあった。鄧小平は訪日によって、日本からのODAの引き出しに成功している。以後、中国経済の成長に、日本からのODAは重要な役割を果たす。

鄧小平は来日によって、日本人からも好感を引き出している。彼の「パンダ」のような風貌、何度も挫折してきた体験は、日本人の琴線をくすぐるものでもあった。昭和天皇に拝謁できたのも大きく、鄧小平の中国は日本を大きく引き寄せていた。だからこそ、こののち膨大なＯＤＡを手にすることができたのだ。

つづいて１９７９年、鄧小平はアメリカを訪問している。彼はアメリカのカーター大統領と会見、アメリカ国内の大企業を視察している。アメリカ訪問もあって、鄧小平の「改革・開放」への決意はさらに固まったといっていい。

アメリカもまた、鄧小平を大歓迎した。共産主義国の超実力者が、資本主義に関心を示し、自国の改革をはじめようとしたのである。中国が「改革・開放」によって豊かになれば、やがて民主化し、西側諸国の重要な仲間となろう。アメリカからは、そんな中国への熱い期待もあった。

それは、中国によるアメリカ、日本の台湾からの引き剥がしでもあった。１９７９年１月、鄧小平訪米に合わせるかのように、アメリカは「米華相互防衛条約」を破棄している。事実上の米台断交であり、代わって鄧小平の中国と正式に国交を結んでいる。

ただ、アメリカは「米華相互防衛条約」に代わり、「台湾関係法」を成立させ、台湾への安全保障に保険をかけてもいる。この米台関係法が、21世紀の台湾危機にあたって、台湾の安全保障の拠り所にもなっている。

中国の「一国二制度」の提案を黙殺した蒋経国

国際的に大きく飛躍しようとしている鄧小平の中国は、さらなる孤立を否めない蒋経国の台湾にソフトな攻勢を仕掛けている。それが、「一国二制度」といわれるものだ。

それまで中国は台湾に対して、強硬、かつ戦闘的な態度を貫いていた。が、ガラリとソフト路線に転じ、「一国二制度」を中台統一案として打ちだしたのだ。一国二制度では、一つの国内で異なる経済制度を採用する地域があってもかまわないとした。つまり、共産主義を掲げる中国の中に、資本主義の台湾があってもかまわないとしたのである。

1980年代になって、中国が「一国二制度」を提唱できたのは、すでに「改革・開放」によって、資本主義的な側面を採り入れている自信からだろう。そのため、じつは経済面で両国は融合しやすくなっていて、そこに目をつけたのだろう。

問題となる政治制度については、鄧小平ら共産党幹部は、蒋経国の台湾に同質のものを感じ取っていただろう。そこには、仲間意識があったといってもいい。

というのも、鄧小平も蒋経国もともに若いころにモスクワの孫逸仙《そんいっせん》大学（１９２５年、ソビエト連邦と中国共産党がモスクワに設立した大学）で学んだ経験があるからだ。日本風にいえば、二人は同門であり、中国には鄧小平以外にも、楊尚昆《ようしょうこん》をはじめ蒋経国と同門の幹部が少なくなかった。彼らは、ソ連で共産主義を叩き込まれ、筋金入りの共産主義者であった。鄧小平とて、改革・開放の指揮を執っていたとはいえ、根っこは共産主義者である。

鄧小平はこの同門の論理で、蒋経国を理解しようとしていた。蒋経国は中国に先んじて資本主義的な経済建設を進め、民主化にも一定の許容を示してきている。それでも、根っこにはソ連仕込みの思考があろう。だからこそ、国民党の一党独裁を堅持もしてきている。それも、ともに資本主義を採り入れているから、両者はじつに似ている。この時代なら、両国は融合できたかもしれない。

けれども、蒋経国は「一国二制度」の誘いには乗らなかった。彼は、中国とは「接触せず」「交渉せず」「妥協せず」の「三不政策」を唱え、距離を置いている。

蒋経国が「一国二制度」に乗らなかったのは、乗れば、たやすく中国に吸収されてしまう見ていたからだろう。それほどに１９８０年代前半の中国と台湾は、資本主義を採用した一党独裁国家であるという点でよく似ていて、融合しやすかった。いったん同じ方向にともに動くなら、巨大な中国が小さな台湾を呑み込むのは時間の問題となろう。蔣経国は、これを拒否したのだ。

蔣経国はすでに70歳を超え、台湾で過ごした時代は35年以上にもなる。蔣経国には、彼なりの台湾への愛着が芽生えていたのかもしれない。

その一方、最晩年の１９８７年には、北京の共産党政府に密使を送り、ひそかに統一の打診もしていたようだ。当時、蔣経国は台湾の民主化を次々と黙認せざるをえない状況となり、かたや中国では民主化熱に浮かされていた。蔣経国は、その晩年まで民主主義を理解できなかっただろう。理解できなかったからこそ、自らの退《ひ》き際に、民主化熱の高まる中国との統一も「あり」と考えはじめていたのかもしれない。

ともあれ、中国の「一国二制度」を黙殺した台湾だが、１９８０年代、中国と台湾の間の民間交流を認めはじめている。

教科書検定誤報事件と中国の対日政策の変化

１９８０年代は、日本と中国が蜜月にあった時代だ。日本では鄧小平は人気のある政治家であり、鄧小平人気もあって、中国には好感が寄せられていた。

１９８０年代、中国経済は上昇気流に乗り、多くの社会主義国が停滞していくなか、異彩を放っていた。豊かになりはじめた中国国内では民主化の声も出はじめていたから、日本では、中国が豊かになれば、いずれ民主化するだろうとも期待していた。だからこそ、日本は中国を支援した。１９８０年代後半の竹下登政権時代、対中ＯＤＡは大きく拡大されている。日本の支援をテコに、中国経済はさらに加速しようともしていた。

この時代の日中蜜月とその先を象徴するのが、中曽根康弘と、鄧小平の右腕といわれた胡耀邦《こようほう》の関係である。胡耀邦は、中国共産党の歴代政治家の中で希有《けう》ともいえる存在であった。彼には、共感力や構想力があった。共産党の多くの政治家が民主主義を理解しないなか、民主主義を理解しようとし、民主・中国を構想さえもしていたとされる。虐待されてばかりの少数民族にも心から同情を示し、チベット問題に関しては共産党の非さえも認めている。

そんな胡耀邦と意気投合したのが、中曽根である。中曽根と胡耀邦は個人的な交遊関係も築いていた。

もし胡耀邦が中国共産党内で主席としてメインストリームを歩みつづけ、鄧小平後の最高実力者となっていたなら、日中関係はより強固なものになったかもしれない。中曽根・胡耀邦のラインで東アジアは安定し、アメリカも無視できない関係が築けたかもしれない。それが中曽根の狙いでもあったろうが、その目論見は外れる。

というのも、1980年代、日中蜜月の間に、中国国内に日本敵視の芽が生まれ、日本と近い胡耀邦は、国内の権力闘争で不利に立たされていったからだ。その中国の日本敵視のきっかけとなったのが、「教科書検定誤報事件」である。

1982年6月26日の全国紙朝刊は、高校日本史の記述修正の件を大々的に報じた。日本軍の華北侵略について、教科書会社が「侵略」としたところを、文部省が「進出」と書き改めさせたというのだ。日本国内では大騒動となり、中国にまで飛び火したのだ。

のちにこの書き換え報道は誤報であり、何の根拠もなかったことが判明する。日本国内における左派と右派のせめぎ合いが誤報事件となったとされるが、中国側はこれを誤報とはとらえなかった。中国の政治家も大衆も、日本が過去の侵略を美化したとして日本に怒りを示した。それればかりか、日本との関係を深めていた鄧小平への攻撃へとエスカレートしかねなかった。やむなく、鄧小平は日本に対して怒りを表明する。

そのウラには、中国共産党内の権力闘争劇があった。1980年代、鄧小平は中国の最高実力者であったが、毛沢東や蒋介石のような完全な独裁タイプではない。中国では、大躍進運動や文化大革命を生みだした毛沢東の独裁に懲り懲りしていた。二度と毛沢東のような独裁は御免であり、毛沢東没後、鄧小平は権力掌握にあたって党内の長老をなだめるため、彼らとの集団指導体制を敷いていた。ゆえに、鄧小平とても、党内で批判にさらされることもありえた。

とりわけ、鄧小平が進める「改革・開放」路線は党の保守派長老にはおもしろいものではなかった。そこに、日本の教科書検定誤報事件である。党の保守派長老からすれば、それが誤報だろうと何だろうとかまわなかった。日本と接近している鄧小平を批判すれば、改革・開放に歯止めをかけられる。鄧小平もそれを承知していたから、日本に怒ってみせ、長老たちの追及の矛先をかわそうとしたのだ。

この一連の過程で中国の政治家が学んだのは、日本を叩けば、日本と結びついている政治家を追い詰め、党内の権力闘争で優位に立てることだ。そして、鄧小平を叩くのはリスクが大きいから、鄧小平の右腕である胡耀邦が狙われることにもなったのだ。

一方、日本で政権に不満を持つ者らも、中国を動かせば、政権を窮地に追い込めることを学んだ。政権に不満を持つ者は、日本国内で中国に関わる問題を大々的に報じることで、中国を刺激し、中国を怒らせることで、国内を変えようとも考えはじめたようだ。

なぜ1980年代後半、民主化の波が東アジアにも及んだのか？

1980年代、東アジアは世界でもっともダイナミックな地域に躍りでたといってもいい。日本経済は堅調であり、スタグフレーション（景気が後退していく中でインフレが同時進行する経済状況のこと）に喘《あえ》ぐ欧米諸国に優越しようとしていた。1960年代、1970年代に経済建設を進めてきた台湾、韓国も、経済成長をつづけていた。そして、新たに鄧小平の中国である。中国の浮上によって、北朝鮮を除く東アジアは日に日に豊かになり、世界でもっとも「熱い」地域になりはじめていた。

そんな経済成長のつづく東アジアに、1980年代半ばから大きなうねりとなったのが、民主化の波である。

経済成長がつづいたとはいえ、日本を除く東アジアの国々、さらには東南アジアの国々の多くは、１９８０年代を迎えるまで、独裁色が強かった。中国、台湾、ベトナム、北朝鮮は一党独裁国家だし、シンガポールもこれに近い。フィリピンではマルコス大統領が、インドネシアではスハルト大統領が独裁政権を築いていた。韓国では、１９６０年代以来、軍人出身の大統領による強権的な政治がつづいていた。

東アジア諸国の経済成長を支えてきたのは、社会を安定させてきた強権、独裁政治であったとはいえ、豊かさを享受しはじめた住人が次に求めたのは民主化だった。

１９８０年代後半の民主化の波は、ソ連の行き詰まりと変革の影響もある。１９８０年代を迎える以前から、ソ連の社会主義経済は停滞したままで、アフガニスタンでの戦争もあって、ソ連は疲弊していた。１９８５年に書記長として登場したゴルバチョフはソ連の救世主となるべく、改革に着手する。ゴルバチョフはまずは「グラスノスチ（情報公開）」による言論の自由に手をつけ、体制を改革しようとした。それは、ソ連の柱である一党独裁、強権政治を覆しかねない劇薬であった。

ソ連の自己否定的な変貌、変革は、ソ連の実質支配下にあった東欧諸国にとっては、民主化のチャンスであった。一方、ソ連共産党を源流とする国家の首脳を憂鬱にもさせた。鄧小平の中国共産党、蒋経国の国民党はいずれもソ連仕込みであったから、彼らの基盤そのものがぐらついていた。

しかも、1980年代、アメリカがつねに世界各国に民主化を求めてきている。民主化の弾圧は、友好国アメリカの機嫌を損ねかねない。東アジアの独裁国家は、アメリカの意向、ソ連の融解に挟まれながら、決断していくしかなかった。

まず民主化の波が押し寄せたのは、フィリピンである。フィリピンでは、1985年の選挙にあって、マルコス陣営の不正が暴かれると、後ろ楯となっていたアメリカはマルコスを見捨てる。1986年、フィリピンでは二月革命によって、マルコス政権は打倒された。フィリピン革命は、東アジア、東南アジアの独裁政権に衝撃を与え、住人には希望となっていた。

フィリピン革命ののち、穏健な民主化への判断が早かったのは、韓国と台湾である。1986年、台北の豪華ホテル・圓山大飯店で「民主進歩党（民進党）」の結党が宣言されたとき、蒋経国の国府は、承認もしないが、取り締まりもしないとした。つまり、黙認したわけで、この瞬間、台湾での国民党一党独裁は崩れはじめたといっていい。

翌1987年6月、全斗煥《チョンドゥファン》政権の韓国にあって、盧泰愚《ノテウ》大統領候補が「六・二九民主化宣言」を行っている。そこには、大統領の直接選挙のための憲法改正、公正な選挙の保証、金大中《キムデジュン》をはじめとする政治犯の復権などが盛り込まれていた。とくに、政敵であるはずの金大中の復権を認めたという点で画期的だった。強権の全斗煥政権内部であっても、次世代を見据えた民主化の動きが加速していたのだ。

これに対応するように、台湾では同年7月、戒厳令を解除している。世界一長い、38年間もつづいた戒厳令の時代が終わったのだ。

同年12月、韓国で初めて民主的な手続きのもと大統領の直接選挙が行われ、盧泰愚が当選している。韓国は本格的な民主化に突き進んでいた。

それからおよそ1カ月ののち、1988年1月、台湾では「報禁」が解除されている。「報禁」とは、新聞に対する言論統制の一つだったが、蒋経国の政府はついに言論統制も諦めたといえる。

1986年から1987年は、蒋経国の晩年である。体力、気力の弱った蒋経国には、ソ連の融解もあって、先が見えなかった。アメリカの機嫌を損ねないためにも、東アジアの民主化の流れに乗るしかなかったのではないか。

1988年1月、蒋経国は心臓麻痺により急死している。葬儀には、日本からは福田赳夫元首相が参列している。

第5章

「日本の時代」の黄昏《たそがれ》と、中国と台湾それぞれの歩む道

当初は基盤が弱かった台湾の李登輝政権

1988年1月、蔣経国総統が没したとき、彼は後継者を指名してはいなかった。すでに蔣経国は、次男のスキャンダルもあって、蔣家の世襲を否定していた。そして、憲法の規定に従うなら、副総統の座にあった者が総統となる。当時の副総統は李登輝であったから、彼は自動的に総統となった。

そこから先、李登輝は一時的な中継ぎ、お飾りのような存在で終わるか、あるいは真の実権を掌握できるかが試された。当時、李登輝の立場は弱い。彼は、政府内で少数派である本省人であるうえ、何の後ろ楯もない。独裁者には不可欠とされる、軍の実権も把握していない。

政府の有力な外省人政治家が望むなら、李登輝はお飾りとなるか、総統の座を追われるかのどちらかだったろう。けれども、1988年の時点で、李登輝に正面から挑む外省人政治家はいなかった。李登輝は総統の座にありつづけ、ありつづけることでしだいに実権を握っていく。

孤立、挫折してもおかしくない李登輝が、政権を維持できたのは「時代」の追い風があったとしかいいようがない。当時、東アジアには民主化の波が押し寄せ、アメリカがこれを後押ししていた。李登輝を強権的なかたちで排除するなら、台湾内で民主化を望む者たちの激しい攻撃にさらされかねない。アメリカからは、掣肘《せいちゅう》を受けかねない。だから、真っ正面から李登輝に挑戦しにくかった。

また、李登輝を立てておくほうが、外省人の野心家たちには安心でもあった。台湾のような独裁がつづいた国でトップとなるのは、じつに危険なことであると認識していたからだ。

独裁者はたしかに強権をふるい、恐怖によって住人を従わせるが、独裁が何かのはずみで崩れるや、独裁者の末路ははかない。台湾の政治家は、１９８６年のフィリピン二月革命で独裁者マルコスがいかに排撃され、亡命を余儀なくされたかを見てきている。

中国を見ても、共産党の独裁が揺らぎ、強烈な権力闘争劇もはじまっていた。１９８６年１月、中国で民主化を求めるデモがはじまったとき、鄧小平の共産党政権は確たる政策を打ちだせなかった。胡耀邦主席は民主化デモに理解を示し、中国の民主化を一歩でも進めたかった。が、党内では胡耀邦は支持を得られず、共産党の幹部は民主化デモに恐怖した。鄧小平も民主化を容認できず、胡耀邦を退陣させ、切り捨てている。

台湾の外省人政治家が中国共産党の動揺までも見たとき、民主化熱の高まる環境下でトップであるのは、あまりに危険であることは認識できた。判断を誤るなら、その座を追われるのみならず、民主化勢力の暴力の的にもなりかねないのだ。

台湾の外省人政治家にすれば、李登輝に総統の座を任せておくのが安全に思えた。そうした状況下、李登輝は台湾の未来を模索する。

第二次天安門事件が世界と中国国内に与えた影響

1989年から1991年までのおよそ3年間は、中国と台湾にとって、両国がその根本的なあり方で完全に「別物」になるという点で決定的な準備がなされた時代である。この3年間で中国は民主化を封殺、事実上の一党独裁を堅持する方向に突き進んだ。一方、台湾は民主化を進め、国民党の一党独裁色がより解体されていった。

それまで中国と台湾といえば、一党独裁という点で似たような国であった。ともに1980年代には経済建設を推し進めながら、国内では民主化を求める声があがっていた。

両国政府はともに揺れ、１９８９年から１９９１年の間に、中国、台湾ともに答えを見つけ、提示したのだ。

中国の場合、それが１９８９年の「第二次天安門事件」（第一次天安門事件は、１９７６年、周恩来の追悼集会の際に起こった暴動鎮圧事件。この事件の責任を取らされ、鄧小平は一時失脚した）となる。中国共産党政権が、国内の民主化要求を徹底的に押し潰し、民主化を完全に封殺した事件だ。

第二次天安門事件は、１９８９年４月、失脚中の胡耀邦が心臓発作で急逝したところからはじまる。失脚させられたとはいえ、胡耀邦は中国の住人にとって民主化の希望の星であった。彼なら、わかってくれると期待していた。その胡耀邦の死を悼み、学生らが北京の天安門広場に集まり、胡耀邦の追悼をはじめる。追悼は、やがて熱い情熱を呼び寄せた。胡耀邦を偲ぶほどに、胡耀邦のなしえなかった民主化が語られ、天安門広場では民主化熱が高まり、一大デモもはじまった。

当時、鄧小平が進めてきた「改革・開放」は中国の住人を豊かにしたものの、一つの膿《うみ》も生んでいた。悪性のインフレがはびこり、ひと握りの層が巨額の富を手にし、不正・腐敗を伴っていた。その憤懣《ふんまん》が民主化要求と重なり、天安門広場は巨大な磁場と化していった。

中国共産党は、多くの社会主義一党独裁政党同様、試されていた。当時、一党独裁のソ連ではペレストロイカが進んだが、それはソ連を解体の方向に向かわせていた。東欧諸国の共産党政権も揺らぎ、ハンガリーでは同年5月に書記長が失脚していた。一党独裁政権の明日はまったく不透明であり、中国共産党幹部も民主化の前にたじろいでいた。

ここで、最高指導者である鄧小平は、決断せざるをえなかった。その決断とは、民主主義の圧殺である。かりに民主主義を段階的にでも許容するなら、共産党の一党独裁は崩れていく。それは共産党打倒運動にもつながり、共産党は大衆の暴力革命にさらされるかもしれない。共産党のない中国は分裂するかもしれない。

しかも、おそらく鄧小平には民主主義が理解できなかっただろう。彼は多感な時代に、ソ連で共産主義を叩き込まれている。同じソ連仕込みの台湾の蔣経国が資本主義を理解できても、民主主義を理解できなかったように、鄧小平もそうだった可能性が高い。民主主義は、体制を壊す危険思想とさえ感じていたかもしれない。

結局、6月4日、北京市内に戦車が侵攻、北京市内では民主運動家たちの虐殺があった。どれだけの虐殺があったかは諸説分かれているが、鄧小平は中国における民主主義を圧殺、封印してしまった。

西側諸国は、この第二次天安門事件に衝撃を受け、中国に対する失望を隠さなかった。西側のマスコミは虐殺を蛮行と断じ、西側諸国は中国に対して経済制裁に踏み切った。外資を得られなくなった中国では、一時的に「改革・開放」は中断する。

こののち、中国では民主主義を語ること、とりわけ天安門事件を語ることはタブーになっている。自由なはずのインターネットでさえも、「天安門事件」はいまなお検索不能となっている。

野党・民進党の躍進が支えた、李登輝が進める寧静革命

中国で第二次天安門事件の起きた1989年、台湾では少しずつながら、さらなる民主化が進んでいた。その一つが、同年12月の立法委員、県・市長、省・市議会の選挙である。台湾で野党が大々的に参加した初めての選挙となり、民進党以外にも一〇以上の党が立候補者を出した。

選挙の結果、国民党は総得票率のおよそ六割を獲得したものの、民進党も三割近い票を

獲得していた。台湾では、国民党の一党独裁は崩れはじめていた。

この選挙にもっとも刺激を受けたのは、総統の李登輝かもしれない。民進党が一定の票数を獲得し、台湾で揺るぎのない存在になっていく姿に、李登輝は未来を見たと思われる。この台湾における確実な変化に、李登輝は逆に希望を見出し、自らの使命を探り当てはじめたのではないか。

それからおよそ3カ月後、1990年2月から3月にかけて李登輝は政府内で権力闘争を勝ち抜かねばならなくなる。第七期総統の任期切れに伴う新総統を誰にするかで、国民党内では暗闘がはじまった。李登輝の前に立ちはだかったのは、林洋港、蔣緯国《いこく》という国民党保守派である。保守派は、林洋港を総裁候補に、蔣緯国を副総裁候補に押し立てた。

蔣緯国は蔣介石の養子であり、蔣経国の義弟に当たる。蔣経国時代には息をひそめていたが、蔣経国没後、反李登輝の旗頭《はたがしら》となり、蔣王朝の復活を狙っていたともいわれる。

蔣緯国ら保守派を支持したのは、「万年代表」といわれる本省人の議員たちだ（中華民国が中国本土と台湾を領土にしていた1947～1948年に選出された国民大会代表の大半を占める議員で、改選されないまま万年議員と化していた）。彼らは、選挙の洗礼を受けることなく、権力の座に居座りつづけた既得権益層だった。万年代表たちは、李登輝を中国共産党のスパイであると声高に叫んでいた。

そうしたなか、３月半ばにはじまったのが、学生たちの抗議運動だ。彼らは政治改革の時間表を求めて、中正紀念堂《ちゅうせいきねんどう》（初代総統である蔣介石の顕彰《けんしょう》施設。中正とは蔣介石の本名）で座り込みを行った。

学生らには、危機意識があった。このまま蔣緯国に代表される保守派の跳梁《ちょうりょう》をゆるすなら、政治改革、つまりは民主化が停滞してしまう。彼らの危機意識が行動となっていた。当時、学生たちが李登輝という人物をどれだけ理解していたかはわからない。李登輝の政策云々よりも、学生たちはまずは保守派に勝たせたくなかったと思われる。

彼ら学生たちの運動は、「野百合学生運動」とも、「台湾の天安門事件」ともいわれる。学生たちが政府に民主化を要求する構図は、北京の天安門事件とほぼ同じなのだが、結果は正反対であった。為政者である李登輝は、学生たちを弾圧することはなかった。むしろ、自らの代弁者と見なし、歓迎していた。李登輝も、学生運動を味方に民主化に大きく舵を切ろうとしたのである。

３月21日、国民大会で李登輝が総統に選出される。選挙で選ばれた中華民国国民大会代表（国大代表）を通して投票される間接選挙であったが、彼は学生たちの代表を招き、会談、政治改革を約束している。野百合学生運動は、李登輝を利していた。

李登輝が保守派に勝利しえたのは、1990年3月当時、民主化、自由化は、中国を除く世界的なうねりともなっていたからでもあろう。1989年6月の北京の天安門事件から、1990年3月の台湾の野百合学生運動まで、およそ9カ月、時代はあまりに急速に動いていた。1989年10月、相次ぐ市民デモの前に、東ドイツを抑え込んできたホネカー書記長は退陣する。翌11月、ありえないとされてきたベルリンの壁が開放され、東ドイツは融解へと向かっていた。各国の共産党の一党独裁体制は瓦解《がかい》が進み、12月にはルーマニアで独裁者チャウシェスクが処刑された。

こうした民主化への急速なうねりは、台湾を刺激した。台湾でも民主化は必然の流れという認識が広がり、学生たちを行動にはしらせもした。保守派も、チャウシェスクの処刑を知り怯えていたから、手荒な真似はできなかった。

このあたりから、李登輝は政治家として揺るぎのない目標と信念を持ちはじめたのではないか。台湾の民主化と独立こそが彼の使命となり、彼の台湾での仕事は「寧静革命《ねいせい》」とも呼ばれる。

寧静革命は1990年3月の総統再選を経て、着実に動きだす。政界・財界・学会の有力者を集めて行った同年6月からの国是会議では、台湾のガンでもあった「万年代表」の任期を1991年12月までと決めてしまった。つまりは、引退に追い込んだのである。

翌1991年5月、台湾では「懲治叛乱条例《ちょうじはんらん》」が廃止となり、「動員戡乱《かんらん》時期」の終了が宣言されている。いずれも台湾での住人弾圧の根拠、言論の自由の封殺の根拠となっていたもので、李登輝の台湾はこうした古い束縛を排除してみせた。とくに「懲治叛乱条例」を廃したことにより、台湾国外にいた民主活動家たちが台湾に無事に復帰できるようになっている。

同年12月、台湾では万年代表の引退に伴う第二期国民大会代表選挙が実施されている。李登輝の国民党はおよそ八割の議席を獲得し、民進党を抑えた。李登輝の寧静革命が評価されたためだろう。

台湾の民主化の追い風となったもう一つの要因は、台湾の経済成長だろう。李登輝が総統となった1988年、台湾の一人あたりのGDPは6338ドルであった。その後、1992年には1万7116ドルと1万ドル超えを果たしている。

経済の好調は、李登輝の寧静革命を利したにとどまらない。「一人あたりのGDPが1万ドルを超えての経済成長には民主化が不可欠」という開発経済学の説に従うなら、台湾の民主化はさらなる経済成長を促していたことになる。

こうして1989年から1991年のおよそ3年間で、台湾と中国は別々の体制になることがはっきりしてきた。経済重視という点では共通するとはいえ、中国は事実上の一党独裁を堅持し、台湾では一党独裁から離脱、民主化が進んでいったのだ。

中国が民主化の代わりに国民に用意したもの

1989年6月4日の第二次天安門事件ののち、中国は隠忍自重《いんにんじちょう》の数年間を過ごす。西側諸国から経済制裁を喰らった中国は、外に向かうのではなく、ひたすら内側の体制を固めた。そして、じっと息をひそめて時代のなりゆきを見守った。

その間、中国共産党は一つの確信を持っていったのではなかろうか。天安門での民主化封殺が、けっして間違った判断ではなかったという確信だ。

世界を見渡せば、その確信はつねに強化されたはずだ。1989年後半から1991年にかけて、東欧諸国の共産主義政権は雪崩を打って崩壊し、一党独裁体制は葬られた。東ドイツのホネカーはソ連に亡命して命を永らえたが、ルーマニアの独裁者チャウシェスクは処刑されてしまった。チャウシェスク処刑の報は、一党独裁体制が崩壊したとき、共産党の幹部に何が待っているかを思い知らせることとなった。

さらに１９９１年、ソ連が崩壊していく。この年８月に反ゴルバチョフのクーデターを経験してのち、ソ連の構成国は独立に向かい、12月にソ連は消滅してしまっている。ゴルバチョフのはじめた政治改革の帰結が国の消滅であったという事実もまた、中国共産党幹部の心胆を寒からしめた。ソ連の構成国の独立は、中国でいえばチベットや新疆（東トルキスタン）が独立に向かうようなもので、これまた中国共産党幹部には教訓となった。中国共産党の幹部たちは、「民主化」＝「政治改革」の封殺の正しさを確信しただろう。

ただ、中国国内で民主化を完全に封殺していくだけなら、中国に未来はない。中国はまたも停滞した国になりかねない。とりわけ鄧小平には、その危惧があっただろう。そこで、鄧小平は民主化の夢を諦めさせる代わりに住人に大きな希望を提示した。それが、大胆なまでの経済成長である。

富のあくなき追求により、中国の住人が富を得て豊かになるなら、いつしか民主化はどうでもいい絵空事となり、共産党への信任は高まろう。それは、共産党の一党独裁体制をより強固なものにしよう。

ソ連の消滅した翌年となる1992年1月、鄧小平は「南巡講話《なんじゅんこうわ》」に打ってでる。鄧小平は、南方の武昌《ぶしょう》や深圳経済特区、珠海《しゅかい》経済特区、上海などを訪れ、各地で改革・開放の必要性をあらためて訴えた。

「南巡講話」は、実際、中国の大衆に希望を与えた。民主化を封殺された大衆は、鬱屈し、共産党政権に対して萎縮し、何もしないことが一番いいとでも思いはじめていた。そこに、鄧小平から富の追求に関してはお墨つきをもらったのだ。中国の住人は、これにより安心して経済の夢を追えるようになった。中国の急激な大成長がはじまった。

なぜ中国は、李登輝の台湾に敵意を剥きだしにしていったのか？

1990年代に突入すると、これまで疎遠であった中国と台湾の民間交流がさかんになる。台湾企業は、中国に進出をはじめた。中国と台湾は民間では友好関係を結んでいったが、その一方、外交に関してはしだいに新たな対立の様相を呈してきている。中国は、李登輝と新たな台湾に、これまでにない違和感を持つようになっていったのだ。

すでに述べたように、中国も台湾も一党独裁国家であるところは共通してきた。ともに

「一つの中国」を目指して、鍔《つば》ぜり合いも繰り広げてきた。けれども、李登輝の新たな台湾は、そこから離れていこうとしているのだ。李登輝時代がはじまると、国民党の一党独裁とはいえなくなっていた。加えて、台湾は「一つの中国」を捨て去るかのように、自らの「台湾」意識を強め、台湾は台湾であろうとするようになった。つまり、台湾の住人は台湾の独立を志向するようになっていたのだ。

台湾の住人が、中国から離れ、「中華民国」を名乗りながらも、中国とはまったく別の国を志向したのは、もともと中華を「自明の理」としていないからだろう。台湾には、儒学の浸透が乏しかった。そのせいもあって、台湾には中華思想が根づいていない。しかも、20世紀前半にはこれまた中華を「自明の理」としない日本に統治され、中華とは別の価値観を植えつけられていた。

そうした歴史があるから、蒋介石、蒋経国の時代を経て、台湾が経済的に自立していくと、「中国」という名にこだわらなくなる。台湾は台湾であるという「台湾独立論」も生まれていた。

たしかに蒋介石、蒋経国の時代、彼らは「一つの中国」を目指していたがゆえ、「台湾独立論」は弾圧されていた。が、李登輝時代に言論の自由が広がると、「台湾独立論」は公然のものとなった。1991年12月の選挙にあっては、民進党は「台湾共和国」の建設をうたっていた。このとき、李登輝は台湾独立反対に回っていたが、時機尚早と見たからだろう。彼は民進党を強権で弾圧はせず、どこかで民進党と通じたようなところもある。中国は、李登輝と台湾にこれまでにない疑心を抱くようになっていた。

1994年に行われた李登輝と日本の作家・司馬遼太郎との対談も、中国側を刺激していた。司馬氏の『街道をゆく40：台湾紀行』に掲載されたその対談にあって、李登輝は「台湾人」という言葉を使っているように、彼は台湾独立志向を隠そうとはしなかった。

さらに1995年の米・コーネル大学での講演である。中国はそもそも李登輝のアメリカ訪問を好まず、アメリカに強く反対を表明していた。アメリカも経済成長をつづけている中国を無視できず、公人ではなく私人としての李登輝の入国を認めている。

コーネル大学での講演は米中の妥協の産物であったが、李登輝はここで台湾の民主化を強調しただけではない。民意に基づいた政策は、中国の経済自由化と政治の民主化にも役立つと述べている。民主化を封殺した中国にとって、皮肉か挑発でしかない。

また、1995年には、李登輝と中国の江沢民《こうたくみん》主席は、政策提案のやりとりをしている。江沢民は「江八点」といわれる八項目の台湾政策を発表、中台の統一をうたい、台湾側の招きがあれば、訪台の準備があるとも告げている。これに対して李登輝は「李六条」といわれる対中政策で応答している。そこには、「大陸の経済発展は台湾を鑑《かがみ》とすべきである」という文言が織り込まれていた。

この「台湾を鑑とすべき」の文言に、江沢民をはじめとする中国共産党幹部がカチンとこないはずがない。まるで台湾が教師で中国が生徒のような文言であり、中国共産党の幹部もまさか小さな台湾が中国を教え諭そうとするなどとは思ってもいなかっただろう。中華思想からすれば、ありえない非礼な話でもある。中華思想では、中国が周辺国に教えてやらねばならないのだ。台湾のトップは、中華を自明の理とはしない人物だったのだ。

中国は、一連の李登輝の発言、文言から、これまでにない危機感を持ったと思われる。李登輝の率いる台湾は、中華を自明の理とせず、中国から離れ、中国と対等以上に向かい合おうとしている。その行き着く先は、台湾の独立、民主化だろう。それは中国共産党には我慢のならない話であった。

これまで蒋介石、蒋経国という台湾のトップは、中国出身であり、中華の人でもある。しかも蒋経国の場合、ソ連で学んでいるから、中国共産党には蒋経国とはわかりあえるという気持ちがあっただろう。けれども、台湾出身の李登輝は、蒋介石や蒋経国とはまったく別物であり、台湾を中国とは別物にしようとしていた。中国共産党は、このことを悟ったのである。

そこからはじまるのは、中国の台湾への揺さぶりだ。中国はあの手この手を使い、台湾をぐらつかせ、引き寄せようとする。それが、1995年から1996年にかけての台湾海峡ミサイル危機になる。

台湾海峡のミサイル実験が、東アジアの相関図を一変させた

1995年にはじまる台湾海峡ミサイル危機とは、中国が台湾沖にミサイルを打ち込み、台湾を恫喝した事件だ。それは、1996年3月の台湾総統選をぶち壊すためのものでもあった。

1996年の台湾総統選は、台湾の民主化の総仕上げのようなものだ。台湾では初の直接総統選であり、直接選挙であるかぎり、民意がかならず反映される。つまりは、国民党内部で決めた総統ではなく、国民全体で決めた総統が誕生する。総統選が実現するなら、台湾は民主主義を確立させたようなものであり、事実上の一党独裁国家である中国とは

まったく別の国家になってしまう。それは、中台の統一を阻むものでもある。

１９９６年の台湾総統選に国民党から出馬するのは、李登輝だ。民進党からは彭明敏《ほうめいびん》が出馬するが、李登輝の勝利となろう。李登輝が隠れ台湾独立派であることを考えるなら、李登輝の勝利は台湾独立に向かわせる一里塚にもなろう。こう考えた中国共産党は、台湾に対して暴力的な恫喝に出たと見られているのだ。

江沢民の中国共産党がミサイル恫喝によって、真に狙っていたのは、総統選の中止、戒厳令の発令だろう。ミサイル恫喝によって、台湾の住人がパニックに陥り、社会に騒擾が生まれるなら、李登輝政権も戒厳令を打ち出すだろう。それは、蔣介石、蔣経国時代への逆戻りである。蔣介石、蔣経国時代、台湾では世界一長い戒厳令が敷かれ、戒厳令こそ独裁台湾の象徴でもあった。戒厳令、総統選中止となれば、台湾は独裁国家に近い状態に戻り、一党独裁の中国との親和性が蘇るのだ。

けれども、中国の計算は外れた。李登輝のリーダーシップによって、台湾ではパニックは起きないままだった。

しかも、台湾の民主主義の危機にアメリカが動いた。アメリカのクリントン政権は台湾沖へ空母を派遣し、中国の行動を牽制した。中国は、アメリカ空母の威圧の前に押し黙るしかなかった。

1996年3月、台湾では総統選が無事に行われ、李登輝が当選する。台湾で初めての直接選挙である。この瞬間、民主台湾と一党独裁の中国はまったく別の国家体制になってしまっていた。

ただ、台湾沖ミサイル危機での屈辱は、中国をさらに獰猛にさせた。中国は台湾を抑えるには、アメリカ軍を黙らせるほどの軍事力を持つよりほかないと考えた。中国は、経済成長によるカネを軍拡に注ぎ込む。これにより、21世紀には中国はアジア最強の軍事大国と化し、日本、台湾の脅威となる。

第6章

中国の絶頂の時代、漂流する日本、対中依存化する台湾

なぜアメリカは、台湾の独立に「ノー」をいうようになったのか？

1995年から1996年の台湾沖ミサイル危機問題で、中国は面目を失った。台湾は事実上「台湾国」を始動させたも同然に映ったが、状況はしだいに変わってくる。1997年からは、明らかに中国がすべてに優位する時代がはじまる。

1997年、中国は香港を回収する。香港は19世紀のアヘン戦争ののち、イギリス領になっていたが、19世紀末、イギリス・中国間の交渉で、1997年までイギリスの租借地にすると決めていた。イギリスは返還を渋っていたものの、鄧小平の押しと「一国二制度」のうたい文句のもと、押し切られてしまった。

香港返還の日は、すでに鄧小平は没している。代わりに主役となったのは江沢民であり、中国の住人は江沢民の自国を誇らしく思えた。世界も、中国の台頭におおいに注目するようになっていた。

翌1998年、アメリカのクリントン大統領は中国を訪問する。クリントンは上海での江沢民との会談ののち、台湾についての「三つのノー」を約している。それは、「一つの中国、一つの台湾」を認めず、台湾の国連機関への加盟も認めず、台湾の独立を認めないというものだ。

クリントン政権は、1995年からの台湾沖ミサイル危機にあっては、空母を派遣し、台湾の民主化を守った。中国との敵対も厭《いと》わなかった。にもかかわらず、数年後、一転して、中国と関係を深め、台湾を押し込めようとしたのである

背景にあるのは、「豊かで、成長する中国」である。1990年代、鄧小平の南巡講話が起爆剤になってのち、中国経済の絶好調がつづいた。中国は「世界の工場」となり、しかも「世界の大市場」にもなりつつあった。アメリカの政治家もビジネスパーソンも中国の高度成長に目を奪われ、中国に食い込もうとしたから、もう中国の嫌がることはできない。クリントン大統領自身が、対中ビジネスにとりつかれようとしていた。

台湾独立を模索する民進党時代に中国依存が進行？

2000年、台湾ではポスト李登輝を争う総統選があった。国民党の連戦《れんせん》、民進党の陳水扁、無所属の宋楚瑜《そうそゆ》の争いに、勝利したのは陳水扁であり、第五代総統に就任する。台

湾の歴史上初めて、国民党以外の党派が政権の座に就いたわけで、台湾に民主主義は根づいたといっていい。

陳水扁の勝利は、国民党内部の問題からでもあろう。じつのところ李登輝が、国民党の勝利を望まなくなっていたようだ。というのも、次期総裁候補となった連戦が国民党の保守派に取り込まれていったからだ。連戦が総統になれば、台湾の歴史は逆戻りしかねない。中国に取り込まれることだってありうる。

李登輝はこれらを危惧し、謀略を巡らせた。彼が国民党内で人気の高かった宋楚瑜を追い出すような挙に出ると、宋楚瑜も無所属の身で総裁選に立候補する。宋楚瑜の登場により、連戦に集まるはずの票が割れ、民進党の陳水扁の勝利となったのだ。こののち、国民党は李登輝を裏切り者と見なし、2001年には李登輝は党から離れている。

陳水扁の民進党政権は08年までつづくが、この間、台湾は二つの極に割れていく。民進党政権下、台湾ではいっそうの「台湾化」が進んでいく。その一つが「正名運動《せいめい》」であり、これまで使ってきた言葉を「台湾人」の常識に合わせて変更していこうというものだ。たとえば、在日台湾人は日本政府に「中国人」ではなく、「台湾人」として扱ってもらうよう訴えていた。さらに、「中華民国」から「台湾」へと国名変更を求めるデモも行われている。

その一方、台湾は中国に大接近し、蜜月を築き、巨大な中国に吸い込まれそうになっていく。台湾経済にとって、巨大化する中国経済があまりに魅力的だったからだ。

経済成長という点では、もともと台湾が中国に先行していたから、１９９０年ごろまで中国経済をそこまで意識する必要はなかった。１９９０年の時点では、中国のＧＤＰは３９６６億ドル、台湾のＧＤＰが１６９９億ドルと、中国経済は台湾経済の2倍強程度の規模でしかなかった。当時の人口が中国約12億人、台湾約２０００万人であることを考えれば、台湾のほうがはるかに経済的に豊かだったといえる。けれども、２００８年になると、中国のＧＤＰは４兆５７７３億ドル、台湾のＧＤＰが４１５９億ドルと、中国経済は台湾経済の10倍以上になっている。台湾は、年々、膨張していく中国経済に引き寄せられ、中国なしにはいられない状況が生まれようとしていた。

民進党の陳水扁政権自体が、対中交易の拡大を目指していたわけで、民進党は台湾の独立をひそかに目指しながら、中国依存を深めていったことになる。

胡錦濤の台湾懐柔策で、国民党は進んで中国に接近していた？

2000年代に中国の最高主導者となった胡錦濤《こきんとう》が目指したのは、「和諧《わかい》社会」である。すでに高度経済成長によって中国社会にも貧富の差が生まれ、歪みも目立った。それらを是正しようというが、胡錦濤の目標であった。

胡錦濤時代の最大の遺産といえば、台湾の取り込みであろう。彼は、台湾外交に関しては、飴と鞭、つまりは硬軟織り交ぜた手法でアプローチした。鞭には、2005年3月に採択の「反国家分裂法」がある。反国家分裂法に則るなら、台湾独立を武力でもって阻止できる。中国は鄧小平以来、基本的には台湾に対してはソフト外交を志向してきたが、武力路線もありうるとしたのである。それは、台湾独立をひそかに志向する民進党政権への強い牽制であった。

その一方、胡錦濤は飴を用い、野党となった国民党と密になっている。それが、2005年の連戦・国民党主席の訪中、胡錦濤との会見となる。国民党と共産党のトップ会談は、およそ60年前の蒋介石と毛沢東の会見以来の出来事であった。

トップ会談では、台湾の国民党も中国共産党も台湾の独立に反対することを確認している。と同時に、台湾農産物の対中輸出の拡大が約束されていて、胡錦濤は国民党を通じて台湾の住人の歓心を買おうとしていた。連戦は、翌2006年にも訪中し、胡錦濤と会見しているから、連戦の国民党は中国に取り込まれつつあった。

胡錦濤の国民党の懐柔の狙いは、国民党を通じて、台湾の世論を親中に変えていくところにある。中国は敵ではなく、統一はよいことだという世論が定着するなら、中国と台湾は自然に併合の道を歩もう。

さらには、国民党の与党返り咲きを見越してのことである。陳水扁の民進党の支持は、けっして磐石ではない。2008年の総統選で国民党代表の勝利はおおいにありえる話であり、国民党が勝利するなら、中国と台湾はさらに密接になろう。胡錦濤のそうした読みは当たり、2008年の台湾総統選では、陳水扁のスキャンダル問題もあって、民進党は敗北。新たに総統となったのは、国民党の馬英九《ばえいきゅう》だ。

馬英九は、香港生まれの外省人であり、アメリカのニューヨーク大学、ハーバード大学に留学経験がある。蒋経国に引き上げられ、李登輝にも登用されたことがあるエリートなのだが、「台湾独立」にどれだけ強い気持ちがあったか。それよりもアメリカや日本と親密になるのと同じ感覚で、経済力のある中国との交流を深めたいと考えていたようだ。

胡錦濤、馬英九の両者の思惑もあって、彼らの時代、中国と台湾はもっとも親密になったといっていい。馬英九の台湾では、これまで限定的であった通商、通航、通信の往来を全面的に認め、その後、さらに中台交流を推し進める。中国人観光客が台湾に訪れ、「爆買い」もはじまった。中国企業の台湾への投資もはじまった。

馬英九が総統となった2008年は、リーマン・ショックに世界経済が苦境に立たされた時代である。世界各国が資金不足に陥るなか、中国にはカネが余っていた。苦境に立たされていた台湾にとって、中国経済は頼みの綱でもあった。馬英九の台湾はますます中国依存を深め、経済から中国に吸収されんばかりであった。台湾の対中感情もよく、胡錦濤・馬英九時代が長くつづいたなら、台湾は自然に中国に吸収されたかもしれない。

リーマン・ショックが中国と西側諸国の立場を逆転させた

2008年から2010年は、中国の絶頂の時代といっていいだろう。中国の絶頂は、まずは2008年の北京オリンピック開催からはじまる。北京は世界の耳目を集めたのみならず、金メダルの獲得数でアメリカを抑え、トップに立った。オリンピックには「国家の代理戦争」のような一面があり、中国はある意味で「世界最強国」になっていた。

同じ年、リーマン・ショックが深刻化していくなかで、中国は西側諸国と立場を逆転させていた。１９８０年代、中国は資金と技術を得るために西側諸国の力を借りざるをえない状況だった。ところがリーマン・ショックにあっては、西側諸国が資金不足に陥り、経済成長をつづける中国に救済、支援を求めてきた。中国はそれまで西側諸国の尊大な振舞いに不満を抱いていたから、中国共産党の指導力の正しさを西側に示し、叩き込むよい機会にもなっていた。

そして２０１０年、中国は日本を追い抜き、ＧＤＰで世界第二位の座に就く。中国は、経済力でアメリカとともに世界二強となっていた。

この時代、中国は世界に冠たる存在であった。どの国も中国経済の魅力に眩惑《げんわく》され、中国とより親密になろうとした。欧米諸国の首脳やビジネスパーソンも、進んで中国詣でをしていた。中国を非難し、抗《あらが》う国などないといってもよかった。中国はアメリカとも親密な関係を築き、台湾の馬英九政権を取り込み、台湾吸収は時間の問題にさえ思えた。

台湾人の意識の変化。台湾に親日的な人が多い本当の理由

2000年代から2010年代半ばにかけては、台湾が中国に吸引されていくかに映った時代である。ただ、それは中国経済を軸にした表層の現象でもあった。台湾では、経済の中国依存を深める一方、台湾の住人、とくに若者に大きな意識変化が起きていた。若者の中に、「台独」といわれる者らが増えていったのだ。

「台独」とは、「台湾はとっくに独立している」と当然のように思う者らだ。台湾で李登輝が民主化、台湾化を推し進めたのは1990年代のこと。1996年の総統選を経て、台湾の民主化、台湾化は明らかになっていた。その後、2000年からの陳水扁時代を生きた若者らは、現在の政府のルーツが中国にあったという実感がない。新しい世代ほど、民主台湾の中で育ち、民主台湾しか知らないから、「台湾は台湾である」と思うようになっていた。外省人をルーツとする若者であっても、三代目くらいになると、やはりそう思うようになり、「台独」となる。

「台独」の特徴は、「台湾独立」を叫ばないところにある。台湾はとうに独立していると

考えているから、あえて「台湾独立」を叫び、要求する必要性を感じないのだ。民進党の政治家が「台湾独立」を言葉にするのは、彼らが古い世代でもあるからだ。

２０００年代半ばから、中国人観光客が訪台するようになると、「台独」をはじめとする台湾の住人は、さらに自らの「台湾」を意識する。台湾の住人は、中国に先んじて西洋化、資本主義化、民主化を体験し、おしゃれにもなっている。だから、中国人観光客が野暮にさえ映り、そう思うほど、自らを中国人とは違う「台湾人」と思うのだ。

台湾内でこうした「台独」の増大と並行してあったのが、日本好きの若者の増大である。彼らは、「哈日族（ハーリー族）」とも呼ばれた。

台湾で日本への好意が増すのは、１９９０年代の李登輝時代以後のことだ。それまで国民党政権では表向きは日本を敵視、日本語を禁じてもきた。けれども、１９９０年代以降、日本に対する規制は失せたから、日本の漫画、アニメ、映画、小説、ゲーム、ファッションなどが流入、日本に魅せられていった。

豊かになった台湾の住人が日本を旅行するようになったとき、日本好みはさらに深まる。たしかに21世紀、日本はかつての経済活力を失っていたが、日本人の見方はどうあれ、アジア一の民主国家として繁栄し、住人は洗練されていた。高い公衆道徳を有し、街並みはきれいであり、食からアニメまでさらなる進化を遂げていた。台湾の住人は、日本を知るにつれ、日本を一つのモデルとさえするようになっていた。

その台湾の日本への思いがよく表れたのが、2011年の東日本大震災にあってだ。台湾が日本に贈った義援金は200億円を上回り、日本に贈られた義援金の最高額となっている。たしかに、日本は1999年の台湾中部地震や2009年の台湾南部台風災害に援助の手を差し伸べてきた。東日本大震災の義援金はその返礼の意味もあるが、その額面からは台湾の日本への好意が如実に表れている。

これまでよくいわれてきたのは、日本統治時代が台湾を親日にさせてきたという説だ。たしかに台湾では1947年「二・二八事件」を経て「中国よりはましな日本」の印象を水面下につくっていったが、厳格な日本の統治からは親日は生まれにくいだろう。むしろ、戦後の日本の豊かさ、秩序、文化などのありようが、台湾の住人の好意を引きだしたといえよう。おかげで、戦前の日本統治時代の再評価もなされ、馬英九時代には、台湾に貢献した戦前の日本人の顕彰も行われている。

第7章

「中華の復興」を目指す中国、戦略的に対抗する日本と台湾

なぜ21世紀を迎えて、日中関係は悪化していったのか？

１９７２年の日中国交正常化以来、20世紀後半を通じて、日本と中国の関係は良好といえた。尖閣諸島での小競り合いはあったとしても、両国首脳は日中関係を安定させようと努力もしてきた。

けれども、21世紀を迎えると、日中関係は良好とはいえず、ときにひどく険悪化もする。これには、日本側の変化も大きい。21世紀を迎えてのち、親中派はなかなか政権の中枢を押さえられず、親中派でない政治家たちが首相の座に就いていったからだ。

１９７０年代から１９９０年代にかけて、日本でおもに権力の中枢にあったのは、田中角栄の系譜にある者か、宏池会《こうちかい》系の者たちである。田中角栄の系譜には、竹下登、小沢一郎、橋本龍太郎、小渕恵三らがある。彼らは田中の日中国交正常化のレガシーを受け継ぎ、中国と良好な関係を築こうとしてきた。対中ＯＤＡにも積極的だった。

宏池会は池田勇人の系譜にあり、大平正芳、鈴木善幸、宮澤喜一らを輩出してきた。大平が日中国交正常化時の外相であったように、宏池会もまた中国との関係に意を注いできた。

田中角栄の系譜、あるいは宏池会の系譜にある者が政権の中枢にあるかぎり、日本は中国と大きな対立をすることは少なかった。中国も、ことさらな日本敵視を避けてきた。けれども、21世紀の日本で政権の中枢にしばしばあったのは、清和会《せいわかい》（清和政策研究会）の系譜である。清和会は、岸信介、鳩山一郎の系譜にある。岸が蔣介石と交流があったように、どちらかというと、台湾に理解がある。彼らは反中ではないが、ことさら中国に接近しようともしない。

21世紀には、小泉純一郎にはじまり、安倍晋三、福田康夫と清和会出身の首相が続いている。とくに小泉と安倍は長期政権を築き、安倍の場合、退陣後も暗殺に倒れるまで強い影響力を有してきた。

この清和会系の政治家が首相となることで、日中間には波風が立ちはじめる。もっとも多くの波風を立てたのは、2000年に首相に就いた小泉純一郎だろう。彼は「自民党をぶっ壊す」と訴えて首相の座を手に入れたが、彼の「自民党をぶっ壊す」とは、田中角栄的なものをぶっ壊すことにあった。田中角栄的なものの一つである「日中友好」にも、さほど関心がなかったから、中国政府の嫌う靖国神社参拝も平然と行ってきた。

日本の首相の靖国神社参拝に関しては、1986年に中曽根康弘首相が中止して以来、1996年に橋本首相が電撃参拝した以外は、歴代首相は誰も靖国には行かなくなっていた。あまりに高度で複雑な外交案件であるうえ、日中それぞれの国内案件とも化していたからだ（だから、この本でも靖国神社問題にはあえて触れていない）。

小泉首相はその封印されてきた靖国神社に何度も参拝したから、中国側の激しい怒りを買った。中国国内では、反日デモがたびたび発生し、小泉時代、日中の関係は険悪化していった。

その後、2012年に成立した第二次安倍政権時代でも、安倍は2013年に靖国神社に参拝している。

また、小泉、安倍は中国に迎合的な外交をしないことで、国内で一定の支持を得てもいる。20世紀も終わるころから、中国は日本に対して傲慢に映る態度も示してきて、日本国内の保守派には中国への反感も広がっていた。小泉、安倍は、こうした中国に反感を持つ層を取り込み、長期政権を築けたという一面もあろう。

ちなみに、現在の首相・岸田文雄は宏池会であり、親中の系譜にある。ただ、自民党内の最大派閥は安倍派（清和会）だから、中国は警戒をゆるめないだろう。

「中華復興」を目指す習近平と、台湾に生まれた中国への懐疑

現在の中国の最高指導者である習近平主席は、２０１２年から胡錦濤より権力を継承していく。当初、党内基盤が盤石ではなかった習近平は、権力掌握の過程で、国内で権力闘争に挑む。それが、「反腐敗運動」となる。

反腐敗運動は、党の大幹部から地方の小役人まで、腐敗に手を染めた者を片っ端から追及、断罪するものだ。２０１０年代前半、中国は繁栄を謳歌していたが、その一方で官吏の腐敗も進み、貧富の差が広がり、中国の大衆は豊かさを享受しているエリートたちを不満の目で見ていた。その腐敗した官吏らを「蝿《はえ》から虎まで叩く」といいながら次々と摘発・逮捕していったのだ。鬱屈していた中国の大衆は習近平の反腐敗運動に喝采を送り、その喝采を背に習近平は反腐敗運動をエスカレートさせる。

もちろん、腐敗した者には、いまだ権力に執着している江沢民一派や団派（中国共産党内の派閥の一つで、共産主義青年団の幹部出身者を中心に構成）の大物から小物までいる。彼らも、反腐敗運動のターゲットになっていた。つまり、「反腐敗運動」のエスカレーショ

ンによって、習近平の政敵、あるいは彼を侮る者らを完全に排除していく構造となっていた。習近平は最大の敵である江沢民一派を瓦解させ、江沢民を無力化させもしていた。反腐敗運動を通じて、習近平が権力掌握をなしていったとき、彼は鄧小平以来の長老政治を形骸化させ、毛沢東型の独裁者にもなっている。習近平は、毛沢東の後継者を自認し、毛沢東がそうであったように、習近平への個人崇拝を求めてもいる。習近平の共産党政府も国内にＡＩを用いた監視機能を整え、支配体制は磐石とさえいえる。

権力掌握の過程で、習近平は大胆な夢も掲げている。それが、「中国の夢」であり、「偉大な中華民族の復興」である。彼は、かつての中華帝国を再生させ、中国の影響力、指導力を極大化させようと構想したといっていい。これが具体的には、２０１３年から提唱をはじめた「一帯一路」構想となる。習近平の中国は一帯一路によって巨大な中国圏を創造しようとしているといっていい。

習近平は国内でも国外でも声望《せいぼう》を高め、大中華圏の形成を狙っていたようだが、２０１０年代半ば、意外なところから離反が起きている。台湾である。

台湾では２０１２年に、馬英九が蔡英文《さいえいぶん》を破り、総統に再選されている。馬英九は親中路線を突っ走り、中台統一さえも視野に入れていたふしがある。彼は、「ドイツ統一のモデルは、中台関係発展の参考になりうるだろう」とも発言している。

馬英九政権はいっそうの経済交流を目指し、2013年には「中台サービス協定」を結んでいる。それは中台それぞれの企業が互いのサービス産業市場に乗り入れできるという協定だが、ここが分水嶺《ぶんすいれい》となった。台湾内で、中国資本にサービス市場が完全に喰われかねないという危機意識が生まれたからだ。そのため、台湾では16回もの公聴会が開かれ、立法院では審議がつづいた。

2014年、政府が一方的に審議を打ち切ると、学生たちの抗議運動がはじまった。彼らは立法院の議場を占拠し、座り込み、馬英九総統との対話を望んだ。台湾の住人は、学生たちを好意的に見た。ひまわりの花の差し入れもあり、そこから「ひまわり学生運動」の名がついた。

「ひまわり学生運動」の盛り上がりは、国外の注目するところとさえなったから、政府も折れざるをえなかった。中台サービス貿易協定は、事実上延期となっていた。

ひまわり学生運動の盛り上がりと支持は、台湾の住人に「台湾とは何か」をあらためて考えさせもした。台湾内では、過度の中国依存は台湾の中国への吸収につながるのではないかという危惧も生まれ、親中の馬英九の国民党政権は支持率を落としていく。きたる

2016年の総統選にあって、国民党は野党・民進党に屈しそうな危機に陥っていた。

また、台湾でのひまわり運動は、香港に飛び火し、「雨傘運動」となる。雨傘運動は、一国二制度のもと、香港の民主と自由を守ろうという運動であり、大陸に民主の声が飛び火したことになる。

日本が提唱した対中戦略「QUAD」にアメリカが乗った理由

2012年末、日本では民主党政権が瓦解、ふたたび自民党が政権に就き、安倍晋三が首相に返り咲いた。これに対して、中国は日本への攻勢を強め、日本の孤立化を図ってくる。中国は、韓国の朴槿恵《パククネ》大統領と連携しながら、世界で「反・安倍」キャンペーンを張っていった。

中国が安倍晋三の日本を敵視したのは、安倍が中国の膨張を問題視するうえ、日本の軍事力を強化しようという動きにでたからだろう。

安倍晋三は、日本では右派の政治家として扱われる。戦前の日本を賛美するようなファシスト政治家のようにもいわれ、欧米でも一時は安倍を危険な政治家視してきた。中国はそこに目をつけ、安倍をファシスト扱いし、安倍の日本の孤立化を図っていた。

けれども、状況はしだいに変わってくる。安倍晋三が外交で成果をあげていくと、海外での安倍評価も変わってくる。有力国首脳も安倍首相の意見を聞くようになる。そこから安倍が構想、現実化していったのが、「自由で開かれたインド太平洋（ＦＯＩＰ）」構想と「ＱＵＡＤ《クアッド》（日米豪印戦略対話）」だ。

「自由で開かれたインド太平洋」構想は、法の支配・経済的繁栄・平和と安定の確保という三つを軸に、民主主義国家によるインド洋、太平洋の安定こそが、国際社会の安定につながるとした。ＱＵＡＤは、そのための日本、アメリカ、オーストラリア、インドの戦略的な同盟といえる。

安倍の提唱した「自由で開かれたインド太平洋」構想も「ＱＵＡＤ」も、中国の果てしない膨張、とくに海洋進出を意識したものだ。過度に中国を敵視することなく、中国の行動を抑制することが、周辺国の安定、さらには中国の安定につながるとしたのである。

安倍がＦＯＩＰやＱＵＡＤを提唱したのは、すでに日本単独では中国に対抗不能だからでもある。中国の経済、軍事力は日本を圧するほどであり、日本単独でできうることは知れている。それは、中国を脅威視する周辺国も同じである。そこから、安倍は有力国を巻き込み、ゆるやかな中国包囲網を築こうしたのである。習近平は日本孤立化にしくじり、安倍のゆるやかな対中包囲網に直面したことになる。

この日本発の戦略は、やがて他のQUAD参加国にとっても自明の戦略となっていく。とくに同調をはじめたのが、アメリカである。アメリカのオバマ政権は、当初、安倍政権と距離を置き、冷淡に扱ってきた。けれども、中国が南シナ海のスプラトリー諸島で攻勢をつづけ、新疆ウイグル自治区で人権弾圧を進めている状況を知るにつれ、対中観が変化していく。と同時に、すでに中国に対抗する戦略を有している安倍政権を見直し、連携もするようになったのだ。

2010年代半ば、アメリカの対中観は変化をはじめ、米中蜜月も終わりに近づいた。代わりにアメリカはふたたび日米同盟を重視するようになり、日米の連携と中国が鍔ぜり合いをするようになっていた。

米中対立のなか、中国から離れていく台湾

「中華の復興」を目指す習近平の中国は、2010年代前半、2015年ごろまでは栄光

の時代にあったといっていい。日本は中国に懐疑的な姿勢であったが、多くの国は中国との関係強化を望み、中国資本を歓迎した。中国から離れようとする国、敵対する国はほとんどなかった。

けれども、２０１５年ごろから中国はとくに東アジアにおいて厳しい状況を見はじめる。アメリカのオバマ政権が中国に懐疑的になったうえに、台湾が離反の方向に流れはじめてきたからだ。

たしかに、習近平は手を打っていて、２０１５年にはシンガポールで台湾の馬英九総統と会談を行っている。中台トップの歴史的な会談であり、両者はこの会談を契機に国民党人気の梃子《てこ》入れを狙っていた。きたる２０１６年の台湾総統選に備えてだ。

習近平とすれば、台湾に民進党政権が復活するのを避けたかったし、アメリカとの対立が明らかになるなか、台湾を中国寄りにひきつけておきたかった。彼は、馬英九と会見すれば、すべてが好転し、国民党に支持が集まると思っていたようだ。

習近平は会談中、馬英九にリップサービスをすることなく、「一つの中国」にこだわり、「中華民族の偉大な復興」への協力を求めてきた。中華を自明とする習近平は、台湾も「中華の再興」で釣れると思っていたのかもしれない。

けれども、習近平・馬英九の世紀の会談は何も生まなかった。習近平の考えとは違い、台湾は、「中華」で釣られる国ではなかった。2016年の台湾総統選にあっては、民進党の蔡英文が国民党の朱立倫《しゅりつりん》、親民党の宋楚瑜らを破り、当選を果たす。台湾で初の女性総統の誕生である。

蔡英文は、アメリカのコーネル大学、イギリスのロンドン大学に留学経験のあるエリートである。彼女は李登輝に見出され、李登輝のブレーンともなっていたから、台湾独立を志向する政治家でもある。

蔡英文の民進党の勝利は、蔡英文自身の勝利というよりは、台湾の住人が国民党の対中傾斜を嫌ってのことだろう。習近平の中国はそのあたりを読み間違え、馬英九に適切な支援を与えられなかったのだ。

蔡英文の民進党政権を望み、歓迎したのは、日本とアメリカである。安倍首相は「自由で開かれたインド太平洋」構想とQUADで、中国を包囲しはじめている。アメリカも安倍首相の戦略に乗っかり、対中敵視を強めていたところであり、日米にとって台湾は地政学的にじつに重要なパーツであった。日本列島、沖縄、台湾を結ぶ弧こそが、それこそ自由で開かれた民主主義の砦であり、中国のいたずらな海洋進出を阻むことになる。

実際、アメリカ政府と日本は当選前から蔡英文を重視し、2015年に彼女は訪米、訪日も果たしている。彼女はアメリカ国防総省、国務省の要人と会談し、日本では非公式に安倍首相と対談している。

そして2016年、アメリカでは共和党のトランプ政権が誕生する。トランプは予測不能の政治家といわれるが、安倍首相とはウマが合った。そして、トランプはアメリカの国益を重視するほどに、中国敵視を強めていった。彼は中国の強大化をアメリカと世界の危機として理解した。その先に見えてきたのは、台湾である。

アメリカは、民主主義を重んじる。トランプ政権内では台湾を「民主主義の灯台」とも呼び、台湾重視の政策にでて、さらには台湾を守る法整備もはじめている。アメリカは、台湾をインド太平洋戦略の一環に組み込み、中国から守ろうと動きはじめたのだ。

トランプ政権は、台湾の軍事力強化にも手を貸している。これまでアメリカは中国への配慮から、台湾に対して最新の武器供与を自重しつづけてきた。けれども、アメリカが中国を敵視し、台湾を重要視するほどに、もはや自重はしなくなる。アメリカは、台湾の求めていた新型の戦闘機までを供与している。

香港陥落がもたらした蔡英文の再選

２０１０年代、習近平は、国内の支配体制をより「完璧」なものにしようとする。香港の破壊にかかったのだ。

香港は、１９９７年の中国返還以来、一国二制度のもと、中国の中で民主主義を認められてきた。江沢民、胡錦濤は香港の民主主義に手をつけなかったが、習近平政権は香港の民主主義の根絶をはじめている。

習近平は、２０１８年には国家主席の任期を改めている。これまで1期5年、最大でも10年の任期だった制度を撤廃し、永遠に主席であることも可能にした。習近平は、終身独裁者の道を歩もうとしていて、独裁体制のもと、民主主義の目を摘んでおきたかった。香港に民主主義が残っているかぎり、中国のどこかに飛び火しかねないからだ。台湾の「ひまわり学生運動」に触発された香港の「雨傘運動」は終息したものの、香港は中国にとって危険な火種であった。

２０１９年6月から香港では、民主運動の一大騒乱が起きる。きっかけは逃亡犯条例の改正問題だが、香港の住人はこの法律が悪用され、民主運動家が中国に連行されるのではないかと危惧した。その危惧が、一大騒乱となった。すでに香港の当局は「中国化」していたから、民主主義の運動家たちを手荒に扱い、弾圧していった。以後、香港当局は、たびたび香港の自治の封殺を進め、「民主香港」は落城したに等しくなっている。

香港の落城は、台湾の歴史を変えてもいる。じつのところ、２０２０年の総統選を前に、蔡英文は再選を危ぶまれていた。彼女は「脱中国」による経済成長を唱えたが、空回りしていく。加えて、習近平政権が中国から台湾への観光を制限するよう指示していたから、台湾経済は低迷を隠せなくなっていた。国民党は「民主では飯が喰えない」と蔡英文政権を批判し、蔡英文は追い詰められていた。

けれども、２０２０年の総統選で、蔡英文は再選を果たす。すべてを変えたのは、２０１９年からの香港騒乱であった。

中国共産党政府が香港の民主主義を弾圧していくさまを見て、中国のいう「一国二制度」の実態を台湾の住人は思い知らされた。民主主義に慣れた彼らにとって、中国の「一党独裁」は恐怖でしかない。もはや中台の統一はありえないものとなり、親中の国民党支持から、脱中国の蔡英文の民進党支持に回ったのだ。習近平は香港を独裁下に置く代償として、台湾回収を遠ざけてしまったのだ。

台湾有事のリスクと日・中・台の未来

２０２０年代、東アジアでもっとも戦争の可能性が高いのは、朝鮮半島ではなく、台湾海峡ではないかといわれている。習近平の中国は、台湾のソフトな吸収を諦め、武力侵攻も視野に入れているからだ。

２０１９年、習近平は台湾統一に向けた演説で、「武力の使用を放棄しない」と語っている。アメリカの研究機関や軍人たちは、中国による台湾侵攻が近いのではないかと警告を発している。

習近平の中国が台湾侵攻までも選択肢に入れたのは、台湾を組み込まないことには、「偉大な中華」が復興しないからでもあろう。台湾には、清の時代に、中華帝国の一員となった歴史が数百年ある。清の皇帝たちは台湾を冷遇してきたとはいえ、台湾を組み込まないことには、復活しようとする中華帝国に穴が空いたままなのだ。

さらに台湾の「台湾化」がこれ以上進むなら、台湾はまったく中国と違った勢力にもなる。一刻も早くに台湾を吸収しないことには、台湾と中国に接着点がなくなってしまうという危機感がある。

一方、台湾は日本やアメリカを味方につけることで、中国による吸収を逃れたい。中華を自明としない台湾にとっては、いまの中華帝国世界はあまり居心地のよいものではないという見立てがあるからだろう。中華世界から逃れるためにも、中華を自明の理としない日本やアメリカ側にいたほうが賢明とも考えていよう。アメリカも日本も、台湾の「アメリカ化」や「日本化」を求めてこないからだ。台湾は、「台湾」でいられるのだ。ただ、中国は、台湾が「台湾」であることがゆるしがたいのだ。

日本に関していえば、中国は日本を「中華帝国」の一員になれないと見ているふしがある。日本が中華皇帝に敬意を払った時代は短く、ときに中国に対して平然と敵対的にもなる。現代にあっても、中国に対して挑戦的なところがあるから、中国は日本を扱いがたい国にも思っている。

とはいえ、中国は日本を無害化もしたい。中国にとっては、日本を弱めるためにも、日米同盟を解体したいと思っているだろう。ただ、現在のところ、それは容易ではない。

結局のところ、中華帝国を目指す中国と、日本、台湾は交わらないままだ。中華を自明の理としない日本、台湾には、それぞれの道がある。ゆえに、中国は日本、台湾を理解しがたく思い、日本、台湾も中国のありように戸惑う。日本と台湾はといえば、中華を自明の理としない民主国家という意味ではわかり合えるところもある。

この日中台の〝三国志〟のような構図は、この先も容易には変わらないだろう。魏《ぎ》のごとき中国が、呉《ご》のような日本、蜀《しょく》のような台湾に振り回されることもありうるのだ。現代の日中台にも、曹操《そうそう》のような野心家、諸葛亮《しょかつりょう》、周瑜《しゅうゆ》のごとき戦略家は存在している。

おもな参考文献

『毛沢東　五つの戦争』鳥居民（草思社）／『「反日」で生きのびる中国』鳥居民（草思社）／『それでも戦争できない中国』鳥居民（草思社）／『毛沢東秘録（上）（下）』産経新聞「毛沢東秘録」取材班（産経新聞社）／『周恩来秘録（上）（下）』高文謙・上村幸治（文藝春秋）／『鄧小平秘録（上）（下）』伊藤正（産経新聞社）／『李登輝秘録』河崎眞澄（産経新聞出版）／『蔣介石秘録　改訂特装版（上）（下）』サンケイ新聞社（サンケイ出版）／『ニュー・エンペラー』ハリソン・E・ソールズベリー（福武書店）／『中国共産党　支配者たちの秘密の世界』リチャード・マグレガー（草思社）／『台湾』伊藤潔（中央公論新社）／『台湾史小事典　第三版』監修・呉密察　編著・遠流台湾館（中国書店）／『蔣経国伝』江南（同成社）／『田中角栄と毛沢東』青木直人（講談社）

青春新書
INTELLIGENCE

こころ涌き立つ「知」の冒険

いまを生きる

"青春新書"は昭和三一年に――若い日に常にあなたの心の友として、その糧となり実になる多様な知恵が、生きる指標として勇気と力になり、すぐに役立つ――をモットーに創刊された。

そして昭和三八年、新しい時代の気運の中で、新書"プレイブックス"にその役目のバトンを渡した。「人生を自由自在に活動《プレイ》する」のキャッチコピーのもと――すべてのうっ積を吹きとばし、自由闊達な活動力を培養し、勇気と自信を生み出す最も楽しいシリーズ――となった。

いまや、私たちはバブル経済崩壊後の混沌とした価値観のただ中にいる。その価値観は常に未曾有の変貌を見せ、社会は少子高齢化し、地球規模の環境問題等は解決の兆しを見せない。私たちはあらゆる不安と懐疑に対峙している。

本シリーズ"青春新書インテリジェンス"はまさに、この時代の欲求によってプレイブックスから分化・刊行された。それは即ち、「心の中に自らの青春の輝きを失わない旺盛な知力、活力への欲求」に他ならない。応えるべきキャッチコピーは「こころ涌き立つ"知"の冒険」である。

予測のつかない時代にあって、一人ひとりの足元を照らし出すシリーズでありたいと願う。青春出版社は本年創業五〇周年を迎えた。これはひとえに長年に亘る多くの読者の熱いご支持の賜物である。社員一同深く感謝し、より一層世の中に希望と勇気の明るい光を放つ書籍を出版すべく、鋭意志すものである。

平成一七年　　刊行者　小澤源太郎

著者紹介
内藤博文〈ないとう　ひろふみ〉
1961年生まれ。大学卒業後、出版社勤務を経て、現在はおもに歴史ライターとして活躍中。西洋史から東アジア史、芸術、宗教まで幅広い分野に通暁し、精力的な執筆活動を展開。同時に、オピニオン誌への寄稿など、さまざまな情報発信も積極的に行っている。おもな著書に、『「ヨーロッパ王室」から見た世界史』『世界史で深まるクラシックの名曲』『世界史で読み解く名画の秘密』『世界史を動かしたワイン』(いずれも青春新書インテリジェンス)、『「半島」の地政学』(河出書房新社)などがある。

日本《にほん》・中国《ちゅうごく》・台湾《たいわん》の知《し》られざる関係史《かんけいし》

青春新書
INTELLIGENCE

2024年1月15日　第1刷

著　者　内《ない》藤《とう》博《ひろ》文《ふみ》

発行者　小澤源太郎

責任編集　株式会社プライム涌光
電話　編集部　03(3203)2850

発行所　東京都新宿区若松町12番1号 〒162-0056　株式会社青春出版社
電話　営業部　03(3207)1916　振替番号　00190-7-98602

印刷・中央精版印刷　製本・ナショナル製本

ISBN978-4-413-04685-5

青春新書インテリジェンス　話題の書

青春新書
INTELLIGENCE

「ヨーロッパ王室」から見た世界史

内藤博文

「王家の相関図」が頭に入ると世界史の流れが面白いようにわかる！

ISBN978-4-413-04633-6　1050円

世界史で深まるクラシックの名曲

内藤博文

あらためて聴いてみたくなる名曲×世界史の魅惑のエピソード

ISBN978-4-413-04643-5　1050円

世界史で読み解く名画の秘密

内藤博文

あの名画の神髄に触れる絵画×世界史の魅惑のストーリー

ISBN978-4-413-04656-5　1350円

世界史を動かしたワイン

教養と味わいが深まる魅惑のヒストリー

内藤博文

ISBN978-4-413-04667-1　1000円

お願い　ページわりの関係からここでは一部の既刊本しか掲載してありません。折り込みの出版案内もご参考にご覧ください。

※上記は本体価格です。（消費税が別途加算されます）

※書名コード（ISBN）は、書店へのご注文にご利用ください。書店にない場合、電話またはFax（書名・冊数・氏名・住所・電話番号を明記）でもご注文いただけます（代金引替宅急便）。商品到着時に定価＋手数料をお支払いください。
〔直販係　電話03-3207-1916　Fax03-3205-6339〕

※青春出版社のホームページでも、オンラインで書籍をお買い求めいただけます。ぜひご利用ください。〔http://www.seishun.co.jp/〕